Stephan Magnus

E-Engineering

Stephan Magnus

E-Engineering

Die neuen digitalen Strategien der Unternehmen

GABLER

Die Deutsche Bibliothek – CIP-Einheitsaufnahme
Ein Titeldatensatz für diese Publikation ist bei
Der Deutschen Bibliothek erhältlich

1. Auflage September 2000

Alle Rechte vorbehalten

© Betriebswirtschaftlicher Verlag Dr. Th. Gabler GmbH, Wiesbaden, 2000
Softcover reprint of the hardcover 1st edition 2000

Lektorat: Jens Kreibaum

Der Gabler Verlag ist ein Unternehmen der Fachverlagsgruppe BertelsmannSpringer.

www.gabler.de

Höchste inhaltliche und technische Qualität unserer Produkte ist unser Ziel. Bei der Produktion und Verbreitung unserer Bücher wollen wir die Umwelt schonen. Dieses Buch ist auf säurefreiem und chlorfrei gebleichtem Papier gedruckt. Die Einschweißfolie besteht aus Polyäthylen und damit aus organischen Grundstoffen, die weder bei der Herstellung noch bei der Verbrennung Schadstoffe freisetzen.

Die Wiedergabe von Gebrauchsnamen, Handelsnamen, Warenbezeichnungen usw. in diesem Werk berechtigt auch ohne besondere Kennzeichnung nicht zu der Annahme, dass solche Namen im Sinne der Warenzeichen- und Markenschutz-Gesetzgebung als frei zu betrachten wären und daher von jedermann benutzt werden dürften.

Umschlaggestaltung: Nina Faber de.sign, Wiesbaden

ISBN-13: 978-3-322-82316-8   e-ISBN-13: 978-3-322-82315-1
DOI: 10.1007/978-3-322-82315-1

Inhalt

Lost in Cyberspace?

Es war einmal ein Ort an der westafrikanischen Küste. Kap Bojador. Wenn Sie ihn heute auf einer Landkarte betrachten (er liegt westlich der Kanarischen Inseln), ist nichts Auffallendes an ihm, keine große Bucht, keine Flussmündung, wenn überhaupt, dann nur ein sanfter Knick in der Küste auf dem Weg von den glühenden Wüsten des Nordens nach Zentralafrika. Im Original ist der Ort auch nicht berauschender: Sand und Küste. Sonst nichts!

Und trotzdem war dieser Punkt im Nichts vor einigen hundert Jahren die entscheidende Grenze der mentalen Landkarte der europäischen Kultur. Es war der Punkt, über den man nicht hinwegfahren konnte. Aus heute unerfindlichen Gründen meinten die Seefahrer des 15. Jahrhunderts, hinter diesem Punkt begänne das Chaos, die Hölle, der Antichrist oder was es sonst an unerfreulichen Begegnungen noch geben könnte. Es war wie kollektiv in die Gehirne einprogrammiert: Überquere nie diesen Punkt!

Für Heinrich den Seefahrer, der das portugiesische Volk auf die Idee hin motiviert hatte, die afrikanische Küste hinunterzusegeln, um einen alternativen Seeweg nach Indien zu finden, war dieser Punkt in der Landschaft ein besonderes Handicap. Schließlich kehrte jedes Schiff, das er zur weiteren Erkundung der Küste ausschickte, kurz vor diesem Punkt um.

Die Portugiesen hatten einen neuen Seeweg allerdings mindestens so nötig, wie Unternehmen im 21. Jahrhundert einen neuen Markt. Spanische Erzrivalen hatten nämlich kurz zuvor einen italienischen Spinner in drei wackeligen Schiffchen auf die Reise geschickt, die ihm zur Entdeckung des Landes verhalf, das uns später Hamburger, Michael Jackson und das Internet bescheren sollte.

Es sollte Jahre dauern, bis ein Schiff der Portugiesen diesen Punkt an der afrikanischen Küste überschritt. Allerdings weit draußen, auf offener See, damit die Besatzung Kap Bojador nicht sehen konnte. Es passierte . . . nichts Besonderes. Wieso auch? Nachdem dies geschafft war, segelte man in kurzer Zeit die afrikanische Küste bis zum heutigen Kapstadt hinunter, kartographierte fleißig, und von dort über den indischen Ozean bis Kalkutta zu segeln, war dann nur noch ein Kinderspiel!

Die Küste und die Hauptrouten über den Ozean waren kartographiert, die Schifffahrt wurde schnell zum Alltag. Trotz Piraten, Wirbelstürmen oder Haifischen wurde fröhlich Seehandel betrieben. Wieso auch nicht, man hatte ja schließlich eine Seekarte, an die man sich halten konnte!

Wenn wir in Zeitschriften, Diskussionsrunden und Ausstellungen die Stimmung zum Thema Internet/digitale Welt verfolgen, kommt uns dies vor wie Landmarke Kap Bojador. Die Welt des Chaos beginnt hinter der Modembuchse, mag es scheinen. Mit der digitalen Welt, für die das Internet ein Symbol ist, scheint das nicht Greifbare, Formlose in die geordnete Businesswelt einzubrechen.

Cyberspace, die „Sprawl-Welt" des William Gibson ist anscheinend kein freundlicher Ort, unkontrollierbar, mit „Flamern" gespickt, wie der Pygmäenurwald mit Giftpfeilen. Außerdem berichtet die Presse über wenig appetitliche Dinge in der digitalen Welt, ebenso wie man in der Südsee eben auch Kannibalen begegnete. Das Entdeckerzeitalter ist wieder angebrochen und Geschäftsleute suchen den Weg zum Eldorado, der Traumstadt aus Gold. Schon im Jahr 1999 überschritt das Volumen des Internetgeschäfts die Ergebnisse etablierter Branchen wie der Luft- und Raumfahrtindustrie.

Die Segelschiffbauer des digitalen Zeitalters haben diese Verwandtschaft mit dem Jahrhundert der Entdecker frühzeitig gespürt. „Explorer" und „Navigator" halten sich genau an die Metapher, das Steuerrad der Entdeckerzeit begrüßt uns blitzend zum Surfen. Die „East-Asia-Company" der digitalen Welt soll noch geschaffen werden.

Allerdings traut sich im Moment kaum jemand über den Punkt Kap Bojador in der Modembuchse hinweg. Und dies hat seinen Grund: Es gibt keine Landkarten! Wo genau soll man denn hinsegeln? Wo ist Eldorado?

Ernüchterung beherrscht manchen Artikel über die digitalen Medien. Nicht besuchte Internet-Pages (aber mal im Ernst, würden Sie sich für die meisten Unternehmensseiten interessieren?), kein Geld als Return, keine Ideen über Werbewirkung, Unsicherheit. Jeder erzählt, was er schon immer erzählt hat, diesmal allerdings in HTML. Ernüchterung tritt ein, weil das Gold aus der neuen Welt ähnlich lange auf sich warten lässt, wie das von Columbus aus den ersten karibischen Kolonien. Wieso also sollte man aus den vertrauten Gefilden ausbrechen, um in einer unbekannten, anscheinend wenig ertragreichen Welt gewaltige Budgets zu versenken?

Aber eine Sache hat mich immer verwundert. Mit anderen als den vertrauten Augen betrachtet, verhält sich die Situation umgekehrt, wie im Moment in der Presse beschrieben: Wir leben schon lange im Chaos, sind es allerdings gewohnt. Das Internet hingegen könnte ein übersichtlicher, vertrauter Ort sein, in dem wir viel praktischer die Arbeit unseres Alltags erledigen können.

Wir leben im Chaos? Sicherlich! Schauen Sie sich die heutige Situation doch einmal an:

Sie entwickeln ein neues Produkt, in der Hoffnung, es könnte ein Markt dafür existieren. Wirkliche greifbare potentielle Käufer sind Ihnen eigentlich noch nie begegnet. Was Sie haben, sind Marktstudien, die eine statistische Person beschreiben. Zielgruppe tauft sich das dann. Aber eigentlich agieren Sie in einer virtuellen Welt, da Sie ihre Aktionen auf statistische Menschen abstimmen, von denen Sie nur indirekt über Forschungsinstitute erfahren.

Dann werfen Sie das Produkt in die Dunkelheit des Marktes und begleiten diesen Wurf durch einen Werbespot, den Millionen Menschen gleichzeitig sehen (oder auch nicht, weil sie gerade ein Bier holen). Es passiert als Feedback erst einmal . . . nichts. Erst mühsam kommen (falls Ihr Computersystem funktioniert) durch die verschiedenen Handelsstufen Abverkaufszahlen zu Ihnen durchgetröpfelt. Und selbst dann wissen Sie nicht, ob Ihre Aktion mit diesen Zahlen wirklich etwas zu tun hat. Wie könnte man besser eine virtuelle Welt beschreiben, als mit einem Markt, den man in Wirklichkeit nie sieht und nie zu greifen bekommt?

Die digitale Welt des Internet hingegen ist eigentlich sehr klein und um bestimmte Themen herum organisiert. Selten schaut ein Surfer nach den Abermillionen von Teilnehmern auf dem Netz oder nach den Tausenden von Unternehmen, die hoffnungsfroh ihre Homepage erstellt haben. Was ihn interessiert, sind spezielle Themen, Menschen mit denen er sich dazu austauschen kann und Raum, um sich selber zu präsentieren. Aus diesem Grund sind historisch (neben den Suchmaschinen) die Newsgroups und die Chatservices die meistbesuchten Plätze.

Nehmen wir an, Sie interessieren sich für Wein. Schnell haben Sie herausgefunden, dass es auf dem von Ihnen benutzten Online-Dienst ein Forum für Wein gibt. Sie tragen sich als Newcomer in einen der Briefwechsel ein, werden (meist) freundlich begrüßt und es wird alles erklärt. Über die folgenden Wochen werden Sie vertraut mit den anderen Nutzern. Gibt es neue Weinseiten im Internet, erfahren Sie das dort. Sie stellen brauchbare Seiten in Ihre „Bookmarks", testen ein paar der neuen Links, erfahren die Adressen von Newsgroups und Versendern.

Keine zwei Monate sind ins Land gegangen und Sie kennen alle relevanten Leute! Sie befinden sich in einem Netz aus Abermillionen Menschen und trotzdem kennen Sie „die Szene". Themen-basierend ist das Internet klein, persönlich und übersichtlich. Und es sind echte Menschen, denen Sie begegnen, nicht die virtuellen aus der Marktstudie!

Gerade das Internet ist trotz seiner Fülle kein Chaos, sondern ein sehr zielorientierter Ort. Nur kommt es stark auf die Landkarte an, mit der man surft und arbeitet:

- Arbeitet man nach alten Landkarten, empfindet man das Internet als Bedrohung, versucht sich an „Broadcasting" und kommt nie an Kap Bojador vorbei, oder

- lernt man die Spielregeln des neuen Mediums, hat eine genaue Karte des Weges und fühlt sich wohl wie ein Fisch im Wasser?

Ich sehe die Aufgabe dieses Buchs darin, Ihnen als Unternehmer eine neue Landkarte zu zeichnen, einen Ansatz zu beschreiben, mit dem Sie die Welt des Internet mit anderen Augen sehen können. Die digitale Welt könnte das Beste sein, was Ihnen passiert, ein Weg aus dem Chaos direkt zu neuen Märkten und Möglichkeiten.

Das Buch soll Ihnen Landkarten liefern, zum Segeln, nachdem die Segelboote von Unternehmen der IT- und Softwarebranche schon gebaut wurden. Unternehmen, die mutig genug für die Reise sind, werden neue Ufer sehen und viele Abenteuer erleben. Sie werden viele neue Märkte, Kunden und Chancen erhalten . . . und sehr viel Geld!

Einführung: Digital Change – Die neue Welt

Die Veränderung hat begonnen –
Wo stehen Sie?

Reichlich irritierende Dinge gehen im Wirtschaftsleben zur Jahrtausendwende vor:

- Amerikanische Automobilhändler müssen drastische Reduzierungen ihrer Margen hinnehmen. Die Kunden kennen ihre Einkaufspreise und die aller Konkurrenten!

- Lang etablierte Branchenstrukturen werden demontiert: Man benötigt plötzlich nur noch drei Glieder in der Kette, nicht mehr vier.

- Aktien von Internet- Firmen erreichen Marktpreise, bei denen jeder Börsenprofi nur ungläubig mit dem Kopf schütteln kann.

- Menschen gehen nicht mehr in die Buchhandlung nebenan, schließlich bekommt man die Bücher online und weltweit.

- Die klassischen Börsenparkette beginnen zu wanken: Online-Broking benötigt keine Räume und Schlusskurse mehr.

- Weltweit wird über Auktionssysteme direkt gehandelt. Jahrzehntelang verteidigte Festpreise und Preisbindungen brechen zusammen.

- Trotz Wirtschaftskrise gehen Millionen von Asiaten online und handeln direkt mit Aktien oder spielen in karibischen Spielkasinos. Ohne jemals in der Karibik gewesen zu sein.

Was ist geschehen? Nun, eigentlich hat sich nur eine kleine Nebenbedingung der Wirtschaft geändert ...

Diese sprunghaften Veränderungen von Nebenbedingungen und ihre Auswirkung auf die Wirtschaft sind uns historisch eigentlich vertraut:

- Ohne Telefon können Sie nicht direkt kommunizieren, falls mehr als einige Kilometer Luftlinie dazwischen sind. Echtzeit-Handel ist so unmöglich.

- Nur mit Kutschen ausgestattet, bekommen Sie keinen One-Night-Delivery in ganz Europa garantiert.

- Ohne Fernsehen können Sie nicht Millionen von Zuschauern gleichzeitig ansprechen.

- Ohne Fließband können Sie kein Auto fertigen, dass für die große Masse an Konsumenten erschwinglich ist.

Bei jeder dieser Veränderungen gab es Gewinner und Verlierer, als sie zum ersten Mal auftraten: Unternehmen, die sich schnell genug auf die neue Umgebung einstellten, andere, die nicht mehr gebraucht wurden und kreative Neugründungen, die sofort ideal mit den neuen Mitteln arbeiteten.

Die Online-Welt und insbesondere das Internet haben eigentlich nur eine kleine Tatsache geändert:

Jeder Mensch mit einem Internetanschluss hat weltweit den direkten Zugang zu allen angebotenen Informationen und die Möglichkeit, mit jedem anderen Menschen Kontakt aufzunehmen. Egal wo und zu welcher Uhrzeit.

Alle zitierten Veränderungen in der derzeitigen Wirtschaftswelt sind die ersten Nachwehen dieser Verschiebung der Nebenbedingungen. Diese kleine veränderte Nebenbedingung verhält sich wie die Ölpreise in den 70ern oder die Erfindung des mechanischen Webstuhls im letzten Jahrhundert: Sie ist Bedrohung aber auch Chance. In welcher Zeit könnten sonst zwei daherdümpelnde Studenten wie die Gründer von Yahoo! schlagartig zu Milliardären werden?

Also, man muss nur die Spielregeln kennen und dann richtig reagieren. Radikales Change-Management ist gefragt. Jeder von uns muss beginnen, sich sehr fundamentale Fragen über sein Geschäft zu stellen:

- Verändert die digitale Welt fundamentale Spielregeln meiner Branche?

- Verändern sich Dinge, an die ich bisher immer geglaubt habe?

- Sind Teilbereiche meiner Aktivitäten bedroht?

- Kann man in meiner Branche eine bisherige Aktivität mit Hilfe der Online-Medien um ein vielfaches besser machen? Wer könnte mir zuvorkommen?

- Kann ich auf eine ganz neuartige Weise verkaufen oder einkaufen?

- Werde ich überhaupt noch gebraucht? Was mache ich statt dessen?

Gewichtige Fragen! Wir werden in diesem Buch gemeinsam einige von diesen Fragen für Sie beantworten.

Das digitale Unternehmen und die Information

Eine generelle Idee über Unternehmen im digitalen Zeitalter müssen wir jetzt schon entwickeln: Andere Werte zählen! Sehen Sie es einmal so: Früher waren Sie der Gewinner im Spiel der Wirtschaft, wenn Sie mehr Fertigungskapazität als Konkurrenten besaßen, wenn Sie etwas schöner oder billiger herstellen konnten, oder wenn Sie höhere Cash-Reserven hatten. Größe war sehr vorteilhaft, da konnte man es sich schon einmal leisten, in manchen Dingen etwas hintendran zu sein.

Aber so ist es nicht mehr: Heute gibt es Kapazität genug, irgendwo auf der Welt stellt jemand die Sachen *immer* billiger und schöner her, und Cash-Reserven liefert im Zweifelsfall ein Venture Capital-Unternehmen oder der Börsengang. Die Werte, die heute zählen, könnte man mit *Unternehmens-Intelligenz* oder *Informationsorientierung* bezeichnen. Microsoft und vergleichbare Unternehmen haben deswegen höhere Aktienkurse als ältere Unternehmen, die Autos, Kekse oder Fernseher herstellen, *weil sie den Umgang mit reiner Informa-*

tion symbolisieren. Dafür benötigt man nicht 500 Fabrikationsanlagen weltweit, sondern hauptsächlich einen blitzschnellen Unternehmensverstand.

Die Gewinner des Spiels zu Anfang des Jahrhunderts gehen einfach besser mit Informationen um:

- Sie erhalten ständig aktuelles Wissen von ihren Partnerfirmen und von Kunden. Dieses Wissen fließt im Unternehmen sofort an die richtigen Stellen und zeigt Wirkung.

- Sie entwickeln neue Kompetenz im Unternehmen, können jede Information schnell jedem Mitarbeiter zur Verfügung stellen und messen sich dabei an den jeweils Besten der Welt.

- Sie geben Informationen weiter, egal ob sie in intelligenten, an Kundenbedürfnissen angepassten Produkten und Dienstleistungen steckt oder in schneller Reaktions- und Auskunftsfähigkeit.

Unternehmen positionieren sich über ihre Kompetenz zu bestimmten Themengebieten. Kann das Unternehmen diese Kompetenz nicht permanent steigern, transparent vermitteln und in immer neue Produkte gießen, ist für die Kunden der digitalen Welt die Alternative immer nur einen Mausklick entfernt.

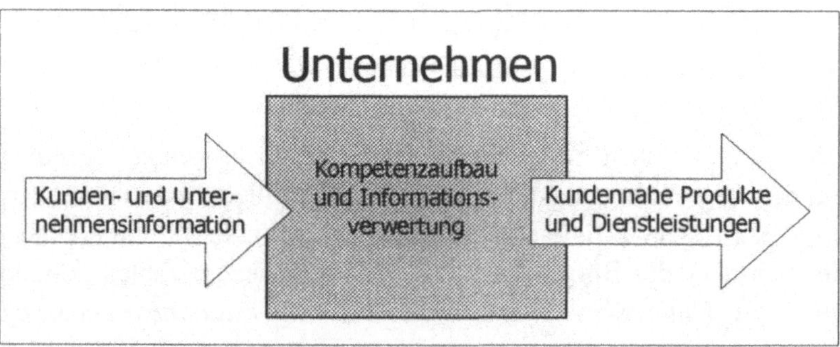

Abb. 1: Das digitale Unternehmen verarbeitet effektiv Information

*Digitale Unternehmen holen sich die beste Information weltweit,
streuen sie im Unternehmen und machen etwas daraus.*

Frühere Gewinner waren gut im „mauern". Nichts trat über die
Unternehmensgrenzen nach draußen. Daraus erwuchsen die Wettbewerbsvorteile. Heute kann man fast nichts mehr hinter den Mauern
versteckt halten. Es zählt nur, wer am schnellsten etwas aus den
Informationen macht und die interessantesten und besten Sachen in
das große, weltweite Netzwerk gibt . . .

Jenseits des Reengineering

Früher hätte man in einer solchen turbulenten Krisen-Situation wie
der durch digitale Medien ausgelösten ein Reengineering-Projekt
begonnen. Im Reengineering dreht es sich ja gerade darum, alte
Zöpfe im Unternehmen zu beschneiden, überflüssige Glaubenssätze
und Traditionen hinwegzufegen und (durch Prozessdesign) alle Vorgänge im Unternehmen wertschöpfend auf den Kunden auszurichten.
Nicht, dass diese Idee mittlerweile verkehrt wäre . . . Es gibt nur
einige Voraussetzungen des Reengineering, die in der digitalen Welt
einfach nicht mehr ausreichend sind. Nehmen wir nur die drei offensichtlichsten:

- Ein Reengineering beginnt damit, seinen Markt oder seine
  Märkte sorgfältig zu analysieren. Hat man die Marktsegmente
  mit vergleichbaren Eigenschaften identifiziert, kann man darauf
  die zukünftigen Unternehmensprozesse aufsetzen. Nur: Heutzutage haben sich Märkte schneller geändert, als man sie analysiert
  hat. Es ist viel wichtiger, schnell auf jede Bewegung des Marktes
  reagieren zu können, als Prozesse auf nicht existierende Standardmärkte hin zu zementieren.

- Reengineering arbeitet mit Vorgängen, die man völlig präzise
  beschreiben und planen kann. Die interessanten Dinge in den
  heutigen Märkten arbeiten nach ganz anderen Prinzipien. Sie

verwenden unvollständiges Wissen, das sich ständig entwickelt und nur implizit in einigen Köpfen steckt. Dokumentieren kann man das nicht. Das kostet viel zu viel Zeit!

- Beim Reengineering gestalten Sie Ihr eigenes Unternehmen um und optimieren Ihre eigenen Wertschöpfungsketten. In der digitalen Welt müssen Sie aber die Strukturen ganzer Branchen umgestalten und die Prozesse von Ihren Lieferanten über alle Bereiche Ihres Unternehmens bis zum Kunden hin optimieren. Und das ständig, in einer Welt, die sich permanent wandelt. Umgestaltung weit über das Unternehmen hinaus ist die Anforderung.

Also benötigen wir etwas mit dem gleichen Willen zur Veränderung wie das Reengineering. Aber diese neue Methode muss:

- Die Spielregeln und Enabler der digitalen Welt kennen und für das Unternehmen nutzbar machen.

- Das komplette Umfeld des Unternehmens in die Veränderung mit einbeziehen.

- Das Unternehmen perfekt mit Kunden und Partnerunternehmen verbinden.

- Das Unternehmen schneller mit Informationen versorgen und sie nutzen.

- Die Reaktionsgeschwindigkeit erhöhen.

- Mit implizitem und vorläufigen Wissen arbeiten, das teilweise nur in einzelnen Köpfen, Teams oder „Communities" steckt.

Reengineering nach den Spielregeln der digitalen Welt ist

E-Engineering.

Das Credo des E-Engineering ist also:

- Die Möglichkeiten der digitalen Welt offensiv zu nutzen

- Das Unternehmen als Teil eines Netzwerkes zu sehen

- Mit implizitem Wissen aus Netzwerken arbeiten

- Branchen wertschöpfend ausrichten

- Permanente Veränderung

- Unsichere Verhältnisse akzeptieren

- Informationen "aufsaugen" und gezielt nutzen

- Weltweit und realtime agieren.

Eine erste Landkarte

Wie gehen wir es an, die ungeheuren Möglichkeiten der digitalen Welt einzuordnen, und daraus konkrete Schritte für die Veränderung des eigenen Unternehmens abzuleiten? Digitale Unternehmen müssen Informationen besser aus dem Markt und von anderen Unternehmen aufnehmen. Sie müssen die Informationen schneller und gezielter im Unternehmen verteilen und zur Wirkung bringen. Sie können also davon ausgehen, dass es ganz grob betrachtet drei Bereiche gibt, in denen Sie sich als Unternehmen beweisen müssen:

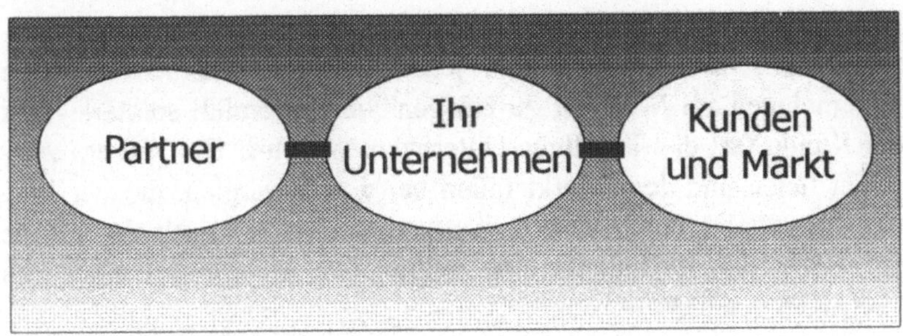

Abb. 2: Die drei Arenen für digitale Veränderung

Ihr Unternehmen sitzt in der Mitte. Hier müssen Sie lernen, mit Wissen besser umzugehen. Vorhandenes Wissen muss zugänglich werden und neues Wissen gezielt entwickelt werden. Die wichtigen Themen sind dabei: Virtual-Corporate-Universities, Virtuelle Teams und Communities of Practice.

Das Unternehmen nutzt sämtliche Möglichkeiten eines Intranets für die Kommunikation und Ausbildung. Wir werden die neuen Wege der digitalen Kommunikation und Ausbildung im Unternehmen in Teil 2 näher beleuchten.

Partnerunternehmen sind mit Ihnen innig verbunden. Sei es, dass Ihre Prozesse aufeinander abgestimmt sind oder, dass Partner sich in Ihrer Virtual-Corporate-University ausbilden lassen. Aber Sie müssen noch radikaler denken: Vorher müssen Sie analysiert haben, wie die neuen zukünftigen Wertschöpfungsketten in Ihrer Branche aussehen könnten. Vielleicht benötigen Sie manche Partner gar nicht mehr. Wir werden die neuen Strategien für Business-to-Business in Teil 3 dieses Buches untersuchen.

Der *Markt* und damit der Kunde ist der Teil des Systems, den Sie eigentlich erreichen wollen. Gerade dort revolutioniert die digitale Welt alle bisherigen Vorgehensweisen. Sie kommen näher an den Kunden heran, können auch kleinere Kundengruppen bedienen und relativ leicht Ihren geographischen Einfluss erweitern.

Aber der Kunde hat jetzt auch die Wahl. Er ist mächtiger als früher und verlangt, dass Sie sich seinen Gewohnheiten anpassen. Sie müssen lernen, Informationen über jeden einzelnen Kunden in Ihrem Unternehmen zur Wirkung zu bringen. Im Extremfall so stark, dass der Kunde fast ein Teil Ihres Unternehmens wird. Die Mauern zwischen Ihnen und dem Markt fallen bei den Strategien, die wir jetzt gleich in Teil 1 des Buches behandeln, schließlich zahlt der Kunde am Ende die Rechnung, also sollte man sich zuerst über ihn Gedanken machen!

Teil 1: Neue Wege zum Markt

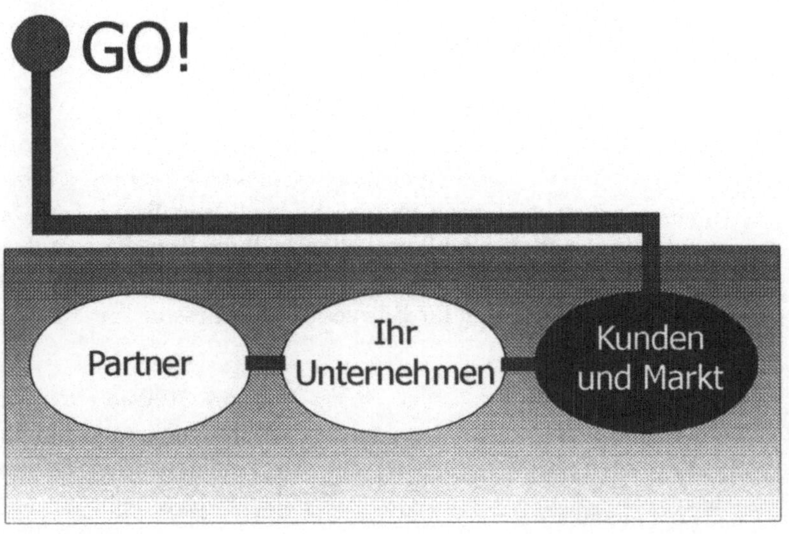

Die Geschichte vom rosa Hemd

Als ich neulich vor Industrievertretern einen Vortrag über die Evolution des digitalen Marketing halten sollte, sprach mich ein befreundeter Vertriebsmann einer Softwarefirma an: „Sag mal, hat Dir eigentlich noch niemand gesagt, dass rosa Hemden absolut out sind?"

Abgesehen davon, dass man immer gerne solch aufmunternde Worte hört, bevor man an das Rednerpult tritt, hatte er mir ein gutes Stichwort gegeben. Ich begann meinen Vortrag, indem ich ihn direkt zitierte und den gestandenen Marketingmanagern erklärte, wieso genau dies das Problem des modernen Marketing ist.

Wenn ich als Kunde herausgefunden habe, dass mir rosa Hemden gut stehen und sie mich in einen guten Zustand versetzen, dann sind rosa Hemden genau das, was ich kaufen will. Sollte eine Boutique oder ein Kaufhaus keine rosa Hemden führen, weil das „out" ist, könnte das mittel- bis langfristig für sie ein Problem darstellen. Ich kaufe nämlich keine grünen Hemden.

Dieses, natürlich nicht nur auf mich konzentrierte Phänomen taufen Handelshäuser dann gerne die „Krise im Einzelhandel" oder die „erlahmte Kaufkraft", ohne dem Drama wirklich ins Auge zu sehen: *Sie produzieren, was die Menschen nicht kaufen wollen.*

Und schon sind wir mitten in unserem Thema: Wir verfügen heute über eine historisch gewachsene Produktions- und Vermarktungsstruktur, die darauf beruht, dass Konsumenten brav Massengüter konsumieren und sich in ihren Eigenschaften an die von uns aufgestellten Statistiken halten. Vor Beginn der Internet-Ära waren sie meistens auch so fügsam.

Das Internet und die weltweite Digitalisierung verweist aber auf eine Welt, die zum ersten Male Grundannahmen der Wirtschaftswissenschaften wirklich erfüllt: *Transparenz* und *Wahlfreiheit*. Und das auf globaler Basis. Ich kann weltweit einkaufen, zu jeder Zeit. Finde ich bei einem Unternehmen nicht, was ich möchte, werde ich am anderen Ende der Welt fündig.

Kein Konsument wird es mehr nötig haben, sich an Statistiken zu halten.

In diesem Umfeld weisen die klassischen Strukturen der Produktion und der Vermarktung in wesentlichen Teilen direkt in den ökonomischen Untergang. Und daher sollten wir diese Strukturen im E-Engineering einer kritischen Betrachtung unterziehen, durch technische Tools in den letzten Jahren erzielte Entwicklungen kreativ fortführen und ein Szenario für Strukturen entwerfen, die im neuen digitalen Umfeld wachsen und gedeihen. Neue Wege zum Markt!

Die wahre kreative Kraft des Internets und der darauf folgenden digitalen Möglichkeiten werden wir nicht erkennen, wenn wir nicht die organisatorischen Folgen in Unternehmen und die strukturellen Veränderungen in Märkten betrachten und für unseren Unternehmensalltag pragmatische Schlüsse ziehen.

Ich werde im Folgenden als Basis die Entstehung der heutigen Unternehmenspraxis in Produktion und Vermarktung schildern. Sie prägen ganz entscheidend das bisherige Verhältnis der Unternehmen zum Markt. Wir schauen uns die ersten Ideen zum elektronischen Handel an und werden sehen, dass sie beim Thema Marktzugang etwas schwach auf der Brust sind.

Daraufhin betrachten wir die durch digitale Medien (dabei insbesondere das Internet) veränderten Spielregeln. Ich werde zeigen, wie bisher darauf reagiert wird und Begriffe wie *Electronic Commerce, Webcasting, Portals, Communities* oder *One-to-One-Marketing* kritisch unter die Lupe nehmen. Außerdem werde ich neuartige Strategien beschreiben, mit dem Markt umzugehen. Im *Intracommerce* finden viele Ansätze einer neuen Art Unternehmung ihre Synthese, die wir bis dahin als richtungsweisend erkannt haben. Vermarktung und Produktion werden eine völlig neue Richtung bekommen und das Unternehmen wird auf eine bisher nie gesehene Art mit seinem Markt verschmelzen!

Die Evolution der Produktion

Das Zeitalter der Masse

Automobilisten im letzten Jahrhundert hatten es schwer: Findige Deutsche hatten das Automobil zwar erfunden, aber als sie zu den ersten Spritztouren aufbrachen, traten einige der Unannehmlichkeiten der frühen Mobilität zutage. Nach wenigen Kilometern mussten die wackeren Pioniere an der nächsten Apotheke anhalten. Ja, Sie haben richtig gelesen: an einer Apotheke. Schließlich hatte sich das Tankstellennetz nicht vor dem Automobil entwickelt, und daher konnte man Benzin nur in der Apotheke kaufen, wo es für so schnöde Dinge wie Putzen verwendet wurde (grausame Historiker behaupten sogar, dass Benzin als Arznei für manche Krankheiten verabreicht wurde).

Leicht zu verstehen, dass ein Automobil für viele Jahrzehnte ein Freizeitvergnügen für Einzelne war, von Hand in kleiner Auflage produziert. Ebenso leicht zu verstehen, dass ein unbedeutender Spinner in den USA nur Gelächter erntete, als er behauptete, man könne Autos für jedermann bauen. So etwas tat man einfach nicht. Der Spinner hieß Henry Ford und sollte später behaupten, dass „man das Auto in jeder Farbe haben könnte, Hauptsache es sei schwarz". Und eben dies hat etwas damit zu tun, dass ich – vermeintlich – kein rosa Hemd tragen darf.

Denn schauen wir uns die Prinzipien der Massenproduktion, also eben genau der Industriestruktur, für die das Model-T von Henry Ford als vortreffliches Symbol steht, etwas trivialisiert an: Statt einzelne Produkte maßgeschneidert für real existierende Individuen herzustellen, war es die Herausforderung der Industrie, Produkte und Wohlstand jedem zu ermöglichen. Um dies zu können, musste billiger produziert werden. B. Joseph Pine II von der IBM beschreibt das Ziel des Paradigmas der Massenfertigung damit, Güter und Dienstleistungen zu Preisen, die niedrig genug sind, dass sie sich fast jeder leisten kann, zu entwickeln, herzustellen, zu vermarkten und auszuliefern.

So entsteht genau die Struktur, die uns allen heute so vertraut ist. Wir investieren zwar einmal gewaltig in Produktionsanlagen (im Vergleich zur maßgefertigten Werkstattfertigung), aber jedes Stück, das vom Zeitpunkt der ersten Produktion an zusätzlich vom Fließband rollt und keinerlei Veränderung am Produktionsprozess erfordert, hat geringere Durchschnittskosten.

Geringere Kosten deswegen, weil die Kosten der Produktionsanlagen auf eine große Anzahl Güter verteilt werden können. Und keinerlei Veränderung am Produktionsprozess deswegen, weil das Produkt immer identisch ist. Wir alle kennen diesen Sachverhalt als Economies of Scale.

Im Zusammenhang mit den durch die Digitalisierung hervorgerufenen neuen Strukturen müssen wir uns allerdings noch einmal klar vor Augen führen, was Economies of Scale im Kern bedeutet: Wir sind *gezwungen*, Kostenvorteile durch Massenproduktion zu erzielen und wir müssen daher völlig identische Produkte in großer Zahl produzieren.

Tragisch nur, wenn der Konsument in einigen Bereichen nicht mehr bereit ist, Normprodukte zu erwerben und in der globalen Wirtschaft eine ungeheure Möglichkeit der Wahlfreiheit hat, was konkret für uns als Unternehmen heißt, dass er unser Produkt meistens nicht kauft! Wir geben uns so große Mühe, Güter zu normieren und damit austauschbar zu machen, dass wir uns nicht wundern sollten, wenn dies viele Kunden langweilt. Denken wir nur an die Autos, die sich immer ähnlicher werden, gerade weil die Unternehmen verzweifelt versuchen, die Wünsche der statistisch ermittelten Kunden zu erfüllen!

Besonders drastisch ist dies an der Textilindustrie zu sehen: Um im letzten Jahrhundert Kleidung für die Massen zu produzieren (was übrigens am Anfang bedeutete: für Armeen), musste ein Weg gefunden werden, identische Produkte zu erzeugen, obwohl Menschen verschieden sind. Man kann vielleicht jeden mangels Wahl dazu zwingen, ein Modell T von Ford zu fahren, aber Kleider, die für eine andere Person produziert wurden, passen mir mit hoher Sicherheit nicht. Daher wurden Konfektionsgrößen entwickelt, also statistische Durchschnitte, die bewirken, dass das in Masse produzierte Kleidungsstück von meiner individuellen Figur nur endlich weit entfernt ist. Man kann es tragen, wenn man sonst nichts hat.

Eine gigantische Industrie wurde aufgebaut, mit hochspezialisierten Maschinenparks und riesigen Lagern. Was nun nach den hohen Investitionen natürlich nicht passieren durfte, waren zwei Dinge: Zum einen durfte nicht die Mehrzahl der Menschen eine systematisch andere Figur haben als die Werte in meiner Konfektion. Zum anderen durften die Menschen nicht gerade eine andere Farbe wollen, als die massenhaft von mir gelagerte.

Und hier kommt der Faktor Mode ins Spiel: Wenn eine bestimmte Figur gerade modisch ist, mache ich eher eine Diät, als auf die Idee zu kommen, dass diese Figur nur deswegen modisch ist, weil die Industrie nichts anderes produzieren kann. Wenn die Farbe grün gerade „in" ist, dann bekomme ich deswegen kein „rosa", weil die Industrie gerade ein mit grünen Stoffballen gefülltes Lager hat. Der Kunde darf keine eigene Meinung haben. Er kann jedes Auto haben, Hauptsache schwarz. Und er darf jedes Kleidungsstück haben, Hauptsache er entspricht genau der Statistik. Ebenso verhält es sich mit Lebensversicherungen, Fernsehern oder der Behördenleistung in dem Land, in dem wir zufällig gerade leben.

Bisher waren wir als Unternehmer alle gezwungen, so zu handeln. Nur eine solche Massenproduktion war wirtschaftlich sinnvoll, wollten wir Produkte für jedermann ermöglichen.

Aber heute, in Zeiten des Internets, ist die Tendenz klar zu sehen, dass Konsumenten sich nicht mehr an Produkte anpassen, sondern fordern, dass die Produkte an sie angepasst werden. Und zwar individuell. Kunden wollen mitbestimmen, was für sie produziert wird. Sie möchten sich darüber austauschen, was sinnvoll ist und was nicht.

Wie Sie im weiteren sehen werden, ist es heute möglich, diesen Kundenwunsch zu erfüllen. Viel von Ihrer wirtschaftlichen Zukunft wird davon abhängen, ob Sie Ihren Kunden den Raum geben können, ihre eigenen Produkte zu produzieren. Digitale Medien können Ihnen dabei helfen.

Das Drehen des Pfeils

Die Massenproduktion lässt sich – wenn man die Abfolge der einzelnen Wertschöpfungsschritte betrachtet – als ein Pfeil von der Produktinnovation zum Kunden darstellen:

Abb. 3: Der Weg zum Kunden in der Massenproduktion

Ebenso wie das „Flussprinzip" des Fließbandes bewegen sich so die von Unternehmen ersonnenen und produzierten Produkte zum Kunden, der sie nur kaufen kann, oder eben nicht. Diese Produkte müssen lange Lebenszyklen aufweisen, sonst würde sich die lange Entwicklungszeit und die hohe Investition in Maschinen nicht lohnen. Solche Unternehmen sind daher gezielt nicht besonders innovativ.

Solange der Kunde ein standardisiertes Produkt gerade noch erträgt, sollte es weiter verkauft werden. Die Massenfertigung beruht auf „Durchbruchsinnovationen", nicht auf ständiger kreativer Verbesserung. Ständig erfinderisch zu sein, bedeutet für Unternehmen mit

Massenproduktion reine Verschwendung. Es ist für das Unternehmen einfach profitabler für ein Produkt über Jahre einheitliche Fertigungsanlagen zu verwenden. Bis zum nächsten Durchbruch ist der Kundenfokus meist aber schon verloren.

Um diesen „Produktionspfeil" am Laufen zu halten, mussten zu Beginn der Massenfertigung am Anfang des 20. Jahrhunderts die einzelnen, hochspezialisierten Teilschritte genauestens kontrolliert werden, ebenso wie Zulieferer von Material, die Arbeiter, Angestellten und Absatzmärkte. Da jeder Teil der Kette nichts von den Funktionen neben ihm wusste, konnte keine Selbstorganisation oder Teamarbeit auftreten, Verantwortung wurde immer über die Produktion gesetzt, in Form von kontrollierendem Management.

Der Übergang von der Manufaktur-Fertigung zur industriellen Produktion erforderte daher eine hierarchische Organisation mit professionellen Managern. Massenproduktion war nicht mehr länger ausschließlich ein Designprinzip für den Produktionsprozess, sondern ein Paradigma für das Management von Unternehmen überhaupt. Viele Managementlehren dieses Jahrhunderts beschäftigen sich daher ausschließlich mit Kontrollmechanismen. Wie wir heute wissen, haben viele dieser Methoden die Wirkung, uns vom Markt zu entfremden.

In den 70er Jahren betraten die Japaner die Bildfläche der internationalen Wirtschaftsgiganten. Unter Nutzung von kultureller Prägung und amerikanischer Qualitätsprediger entwickelten sie neue Formen der Produktion, die gerade den Amerikanern und Deutschen in den folgenden Jahren das Fürchten lehren sollten.

Eine der für unsere Überlegungen fundamentalen Entwicklungen dieser Zeit lässt sich als „Drehen des Pfeils" darstellen: Viele der durch die Japaner eingeführten Methoden bewirken, dass der oben abgebildete Pfeil von der Produktinnovation zum Kunden beginnt, seine Richtung zu drehen. Die Informations- und Handlungsströme ändern die Richtung. Sie wandern nicht mehr einseitig vom Unternehmen zum Kunden, sondern auch der Kunde stellt Informationen zur Verfügung und greift in den Wertschöpfungsprozess ein.

Zeigen wir dies an einem einfachen Beispiel: Wie bestimme ich den Preis für ein Produkt? Die klassische Methode folgt (natürlich stark vereinfacht) dem in Abb. 3 gezeigten „Produktionspfeil". Ein Produkt wird entwickelt, die nötigen Produktionsanlagen aufgestellt, Economies of Scale und Erfahrungskurven realisiert. Dies zuzüglich Overhead und erwünschter Marge bestimmt im wesentlichen den Preis.

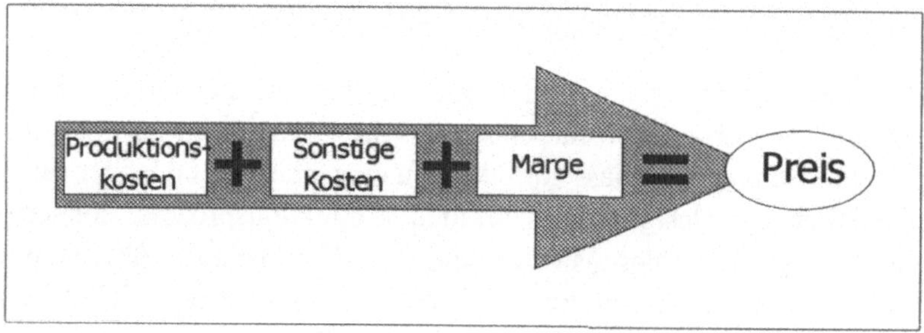

Abb. 4: Klassische Preisbestimmung

Bei japanischen Methoden spielte hingegen das „Reverse Costing" eine entscheidende Rolle. Die erste Frage lautete: Was möchte der Kunde, und was ist er bereit, dafür zu bezahlen? Daraus ergeben sich *rückwärts* die möglichen Produktionskosten und der mögliche Overhead. Die Produktionsverfahren und die zu erzielende Qualität ergeben sich schließlich aus den zu realisierenden Produktionskosten.

Der Preis wird vom Markt aus bestimmt, ebenso die Organisations- und Produktionsstruktur. Der Pfeil hat sich gedreht. Das „Reverse Costing" war und ist nur der erste Schritt zu einer immer stärker marktorientierten Ausrichtung des Unternehmens, deren bisheriger Gipfelpunkt das Business-Process-Reengineering ist.

34

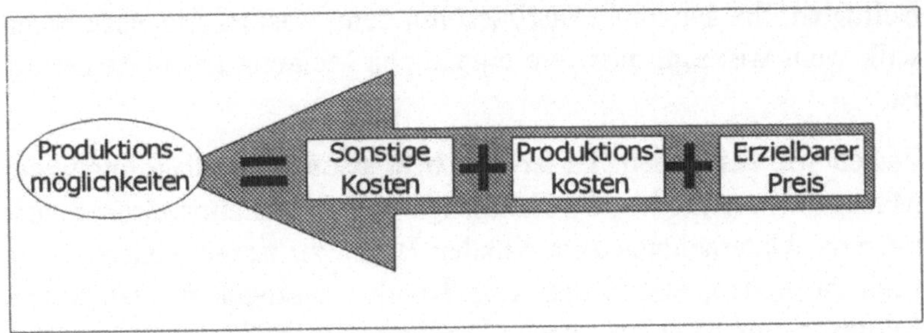

Abb. 5: Reverse Costing

Dort ist es das oberste Ziel, jeden Geschäftsprozess eines Unternehmens auf seine Wertschöpfung in Bezug auf den Kunden hin zu untersuchen und umzustrukturieren. Verfahren wie Reengineering, Lean-Management u.ä. sind aber für die Kreativität und Flexibilität eines Unternehmens nicht ohne Problematik. So fördern diese Verfahren nur sehr bedingt die Kreativität eines Unternehmens, da sie keine Nischen mehr für Entwicklungen lassen, die im Moment vom Management als „nicht wertschöpfend" betrachtet werden. Erfahrungen in Großunternehmen zeigen aber, dass sich gerade diese „abweichenden Aktivitäten" einzelner Angestellter mit mehr Marktnähe oft als zukünftige Kerngeschäfte herausstellten. Flexibilität für abweichende Richtungen ist aber wichtig in der Zeit der digitalen Auktionssysteme, bei denen Sie in Zukunft kaum noch feste Preise realisieren können (siehe Teil 3).

In unserem Zusammenhang ist auch die Kritik wichtig, dass beim Aufstellen von Reengineering-Maßnahmen die „Wertschöpfung" einer Aktivität meistens nicht wirklich vom Kunden bestimmt wird, sondern vom Management oder von externen Beratern. Diese legen in monatelangen Arbeitsgruppen fest, was für Kunden wertschöpfend zu sein hat. Kunden direkt zu fragen ist kein verbreiteter Ansatz. Informationen über die Meinung des Kunden werden immer noch höchstens über standardisierte Massen-Umfragen realisiert.

Bei solchen Umfragen wird nur gefragt, was das derzeitige Management auch schon verstanden hat. Und so reagieren auch die

Befragten: Sie antworten routiniert mit dem, was der Fragende hören will, wohl wissend, dass ihre eigentliche Meinung gar nicht gefragt ist.

Fassen wir zusammen: Es ist eine bedeutende Grundlage moderner Managementmethoden, die Handlungs- und Informationsströme nicht nur vom Unternehmen zum Kunden laufen zu lassen, sondern den Pfeil zu drehen, und stärker vom Kunden auszugehen, und diesem Einflussmöglichkeit zu geben. Moderne Unternehmen drehen also beständig den Pfeil hin zu größerem Kundeneinfluss.

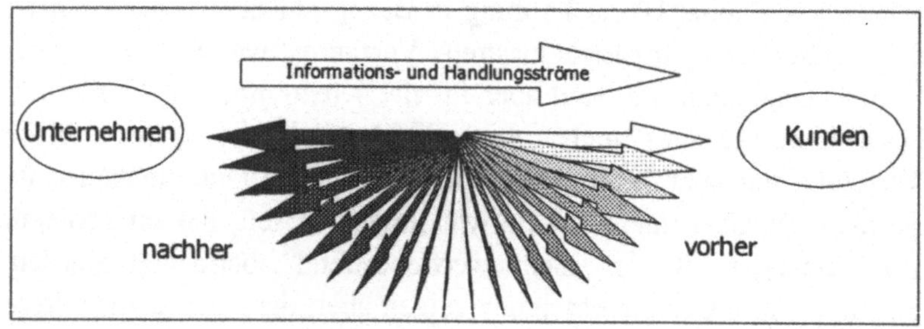

Abb. 6: Das Drehen des Pfeils

Der Pfeil vom Unternehmen zum Kunden ist heutzutage selten ganz gedreht, aber er ist schon stark ins Kippen gekommen. Immer mehr Unternehmen begreifen, dass sie den Pfeil stärker vom Kunden auf sich laufen lassen müssen, wenn sie sich im Wettbewerb behaupten wollen.

Das neue Paradigma am Horizont

Getragen von der Wettbewerbssituation ab den späten 90er Jahren findet ein Paradigmenwechsel statt. Zuerst ändern sich einzelne Spielregeln. Die Zykluszeiten der Unternehmen werden kürzer, Produkte nähern sich einer Just-In-Time-Produktion, Massenmärkte

werden fragmentiert, globale Bewegung demontiert über Nacht jede
Planung. Gigantische Merger halten die Szene in Bewegung.

Dies hat natürlich für uns alle zwei Seiten: Zum einen die des Alp-
traums, denn die verlässlichen Zeiten sind vorüber. Zum anderen ist
es aber auch eine Welt von gigantischen Ressourcen, voll von Ideen
und Entwicklungen und dies weltweit. Bald wird sich das gesamte
Spiel ändern, auf dem Weg in die total vernetzte globale Welt des 21.
Jahrhunderts. Einige der Spielregeln des neuen Spiels werden wir im
Laufe dieses Buches kennen lernen.

In diesem ersten Buchteil interessiert zuerst die Basis für ein E-Engineering der Kundenprozesse. Kurz gesagt, führt der Weg von einer
Abkehr von klassischer Massenproduktion und den damit verbun-
denen Vermarktungsmechanismen, über die immer effizientere,
maßgeschneiderte Massenfertigung gekoppelt mit Mikromarketing,
hin zu einer endgültigen Eingliederung des Kunden in die Unternehmensprozesse mit Hilfe der digitalen Technologie.

Die digitale Welt

Elektronischer Handel – Big Picture

In alle heutigen Herausforderungen an Unternehmen platzt auch noch
die umfassende Digitalisierung. Es bieten sich Verbindungen zu
Kunden, Lieferanten oder Teilen des eigenen Unternehmens an. Zu
den Technologien, die potenziell Einzug in das Leben des Unternehmens halten werden, zählen die klassischen Online-Dienste wie
AOL, das Internet, die ersten ertragreichen Entwicklungen im digitalen Fernsehen (mit der Spezialanwendung Business-TV) und vieles
mehr. Womit anfangen?

Als wäre das nicht genug, sind alle diese Technologien untereinander auch noch kombinierbar. Digitales Fernsehen hat Rückkanäle über Online-Dienste, die Bestellungen an Call-Center geben und ihre Kundenbetreuung wieder über das Internet abwickeln. Schnell hat man einige Millionen in die falsche Technologie investiert oder wirbt auf Kanälen, die niemanden interessieren, wenn es sie nicht sogar kurze Zeit später gar nicht mehr gibt.

Händeringend sucht der verantwortungsvolle Unternehmer nach Modellen, an denen er seinen künftigen Weg zum neuen Paradigma der Produktion und in die zunehmende Digitalisierung orientieren kann. Die Verkäufer der Technologiefirmen können ihm dabei kaum helfen, schließlich haben auch sie zunehmend das Problem, ihren Kunden mögliche *ertragreiche* Anwendungen für ihre Produkte aufzuzeigen.

Eine von mir auf der Münchner Systems-Messe spontan gestartete Umfrage bei Telekommunikations- und Computerfirmen ergab bei keinem der beteiligten Unternehmen eine Antwort auf die Frage „Was tun sie für Ihren Kunden, damit er erfolgreicher bei seinem Kunden ist?"

Also werden Saleskonzepte gesponnen oder uralte Modelle aus der Mottenkiste geholt. Ein Modell als Leitfaden für die neue digitale Welt hält sich dabei beständig in der Diskussion: der *Electronic Commerce*. Ich habe während meiner Tätigkeit für den General Electric-Konzern selber bei Unternehmen wie Hewlett Packard oder Motorola beobachten können, wie dramatisch die positiven Auswirkungen klassischer Electronic-Commerce-Lösungen auf die Ertrags- und Wettbewerbssituation eines Unternehmens sein können. Damals war Electronic Commerce allerdings eine reine Business-to-Business-Angelegenheit.

Zum E-Commerce verkürzt wurde das eigentlich schon etwas betagte Konzept zum Leitbegriff der Entdeckung der neuen digitalen Welt. Woher kommt die Idee des Electronic Commerce? Die theoretischen Kernkonzepte stammen aus einer Studie mit dem Titel „Management in the 90s", die vom MIT durchgeführt wurde. Sie beschäftigt sich mit Änderungen der Management-Anforderungen durch Marktgegebenheiten und Technisierung gegen Ende des Jahrhunderts.

Ein Kernthema der Studie ist es, dass bisherige Veränderungen der Unternehmen durch Technikeinsatz eher *evolutionärer* Natur waren. Zuerst wurden einzelne Technologie-Inseln in Unternehmen aufgebaut z.B. der Superrechner in Forschung und Entwicklung oder der Host für die Lagerhaltung. Darauffolgend wurde Vernetzung innerhalb der Unternehmen realisiert, z.B. in Form von LANs. Dies bedeutet ökonomisch eine Konzentration auf unternehmensinterne Kommunikation, also Buchhaltung, Controlling, gemeinsame Dokumentenbearbeitung usw.

Anfang der 90er Jahre tritt nun nach Aussage des MIT ein qualitativer Sprung auf: Der Einsatz von Informationstechnologie ruft eine *revolutionäre* Änderung im Verhalten von Unternehmen hervor. Bewirkten die bisherigen Einsatzfelder der Technologie im Unternehmen eine Beschleunigung bisher schon realisierter Arbeitsweisen, sollten jetzt Strukturen in der Industrie erzeugt werden, die ohne Informationstechnologie schlicht unmöglich waren.

Die bedeutendste technikinduzierte Veränderung betrifft die Verschmelzung von Unternehmen und ganzer Branchen. Getrieben von Methoden wie Just-In-Time-Produktion wird der Übergang zwischen einzelnen Unternehmen immer unschärfer. Beschäftigte sich ein Unternehmen früher damit, seine eigenen Prozesse zu optimieren, werden jetzt Prozesse über Unternehmen hinweg organisiert. Ehemalige reine Speditionsunternehmen übernehmen für Automobilproduzenten die komplette Vormontage. Wo ist die Grenze zwischen „Automobilbranche" und „Logistik"? Oder nehmen Sie Fernsehsender, die Bestellungen über Call-Center entgegennehmen und direkt ausliefern. Ist das jetzt Handel oder ist es Medien?

Die interessante Entwicklung findet in den Schnittstellen zwischen Unternehmen und Branchen statt, nachdem die Optimierung der internen Organisation seit Jahrzehnten betrieben wurde. Die Grenzen zwischen Unternehmen werden aufgelöst, der fließende Prozess über alle Wertschöpfungsstufen hinweg wird zum Leitmotiv. Als Ergebnis kann in vielen Bereichen der Industrie schon lange nicht mehr zwischen Produzent, Zulieferer und Logistikunternehmen unterschieden werden. Eine Aussage, die uns in Teil 3 des Buches noch beschäftigen wird. Die in einem Satz zusammengefasste Kernidee der MIT Studie gibt exakt die Philosophie des Electronic Commerce wieder:

Kommunikation zwischen Unternehmen wird wichtiger als Kommunikation im Unternehmen.

Electronic Commerce nutzt neue Telekommunikationstechniken als Enabler, um ein unternehmensübergreifendes elektronisches System aufzubauen, das die Kommunikation in kommerziellen Transaktionen erleichtert. Typische *Telekommunikationstechniken* sind dabei die klassischen Mehrwertdienstleistungen wie EDI (Electronic Data Interchange) und E-Mail oder darauf aufgesetzte Applikationen wie Ordersysteme, weltweite Bilanzkonsolidierung oder Korrespondentensysteme. Sie werden seit Jahrzehnten (genaugenommen seit den Time-Sharing-Zeiten) von Unternehmen wie GE, AT&T oder IBM angeboten.

Der Schwerpunkt beim Electronic Commerce liegt also zuerst einmal darin, mittels einheitlicher Datenübertragung die Verbindung zwischen mehreren Unternehmen so dicht zu flechten, dass Unternehmensprozesse ineinander greifen. Bei Betrachtung der schon beschriebenen modernen Produktionstechniken sehen wir die Notwendigkeit für solche Lösungen. Eine schnelle Reaktionszeit in der Produktion erfordert z.B. eine Optimierung der gesamten Wertschöpfungskette über alle beteiligten Unternehmen hinweg.

Der Austausch von Daten ist als Folge der digitalen Verknüpfung mit weniger Übersetzungs- und Transportleistung verbunden. Bei elektronischen Bestellsystemen entfällt z.B. die manuelle Neuangabe von per Fax, Telefon oder Brief erhaltenen Bestellungen in das eigene Warenwirtschaftssystem. Statt langsamen und teuren Briefen oder

Katalogen werden sekundenschnell elektronisch verarbeitbare Nachrichten versendet und dadurch ständig aktualisiert.

Die wesentlichen wirtschaftlichen Effekte des Electronic Commerce liegen in Kostenersparnissen (durch Automation) und Prozessbeschleunigung. Die Unternehmen haben die Möglichkeit, Energie, Zeit und Geld für andere unternehmensrelevante Aktivitäten freizusetzen. Der Weg von der selbstverständlich ablaufenden internen Kommunikation zum Aufbau einer selbstverständlich ablaufenden externen Kommunikation, allerdings nur zwischen „sicheren Partnern" (Zulieferer, Handel, Logistik etc.) ist also durch die nun schnellere und leichtere Geschäftskommunikation mit besseren und kosteneffizienteren Mitteln gekennzeichnet.

Das Unternehmen als Zentrum wird gestärkt durch die Anbindung der Peripherie und die Verkürzung der Distanz zu ihr. Dies zeigt sich schon in den durch Electronic Commerce realisierten Strukturen. Da ist die Rede von *Hubs* (den in einem jeweiligen Markt mächtigen Player, z.B. eine Kaufhauskette) und *Spokes* (den vielen kleinen Zulieferern).

Wer gerade Hub oder Spoke ist, liegt in der Wertschöpfungskette der entsprechenden Industrie begründet. Der Hub versucht seine Macht dadurch zu stärken, dass er – mittels Electronic Commerce – seine Marktpartner stärker in eigene Geschäftsprozesse einbindet. Die interne Kommunikation verliert an Relevanz im Verhältnis zur externen Kommunikation, wird sogar ein Teil davon. Das direkte Umfeld dreht sich wesentlich schneller und reibungsloser um einen festen Kern. So kann ein Kaufhauskonzern alle seine Lieferanten zu einem Teil seiner Logistik machen, indem vollautomatisch Lagerbestände aufgefüllt werden.

Seinen Siegeszug trat das Konzept des Electronic Commerce in den 80ern und 90ern besonders im Bereich der EDI- und E-Mailsysteme auf proprietären globalen Netzen an. Gerade Bestellvorgänge und Logistiksysteme konnten weitreichend optimiert werden. Wir werden im dritten Teil des Buches die moderne Varianten dieser Unternehmensverknüpfungen betrachten.

Electronic Commerce ohne Markt?

Einfach nur auf diese Art E-Commerce einzuführen, ist aber noch nicht die ganze Wahrheit, insbesondere wenn es sich um E-Engineering des Verhältnisses zum Kunden dreht. Unternehmensgrenzen beginnen sich zwar technisch aufzulösen, aber eigentlich bleibt alles beim Alten: ein Drinnen und Draußen wird konsequent beibehalten. Der mächtige Hub bleibt zentral in der Mitte und bindet nur sichere Geschäftspartner mit stabilen Prozessen in seine unternehmensübergreifende Struktur ein. Keine Spur von dem hochgradig vernetzten, digitalen Unternehmen, dass Informationen aus dem Markt und von Geschäftspartnern schneller und effektiver aufnimmt und nutzt!

Wenn man sich diese klassische Idee des elektronischen Handels genauer betrachtet, fällt auf, dass es sich nicht um einen dynamischen „Brummkreisel" handelt, sondern um ein starres Spinnennetzwerk mit minimal gehaltener Anzahl an Querverbindungen. Eher ein Bollwerk, als ein flexibles Konzept.

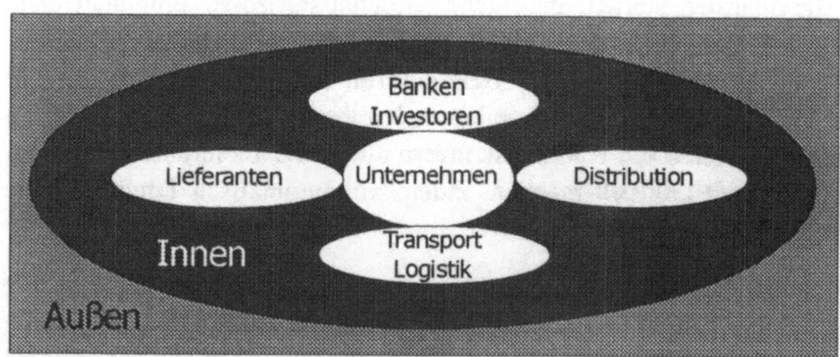

Abb. 7: Das Bollwerk des klassischen Electronic Commerce

Wir erkennen sofort, dass ein solches Bollwerk in reiner Form für
zwei sehr wesentliche Anforderungen des E-Engineering nicht ausreichend ist:

1. **Flexibles Agieren**: Das elektronische Zementieren der zentralisti-
   schen Struktur verhindert z.B. die für projektorientierte Produktion benötigte Dezentralisierung von Unternehmenskomplexen.
   So ist ein Unternehmen weder in der Lage, Partner flexibel nach
   den Veränderungen der Marktanforderungen neu zu kombinieren,
   noch kurzfristig andere für einen gewissen Zeitraum in das Netz
   mitaufzunehmen oder stand-by zu halten. Nur Prozesse, die
   gleichbleibend und verlässlich sind, können so abgebildet werden.
   Aber welche Wirtschaftsprozesse sind wirklich statisch . . . ?

2. **Zugang zum Markt**: Der Zugang zum Markt ist in diesem klassischen Ansatz noch nicht verwirklicht. Man ist zwar seinen Partnern nähergekommen, nicht aber dem Markt, der sich weiterhin
   so verhält, wie gehabt, trotz der enormen, neugeschaffenen
   Kommunikationsgeschwindigkeit. Der Markt liegt draußen vor
   der Tür, jenseits der neugezogenen Grenzen.

Kenner des elektronischen Handels könnten an dieser Stelle einwen-
den, es gäbe sehr wohl Systeme im Bereich der Mehrwertdienste, die
den Markt in die vernetzte Unternehmensstruktur integrieren. Scannerkassen sorgen z.B. für das direkte Übermitteln der aktuellen
Abverkaufszahlen. Oder Internet-Shops dienen als direkte Einkaufs-
möglichkeit der Kunden. Beides sind Kundeninformationen, die
direkt in das Unternehmen einfließen. Zahlen aus Scannerkassen
werden tagesaktuell verwendet, einerseits um z.B. die Wirkung von
Werbespots zu analysieren, andererseits zur Optimierung der
Logistik. Solche Abverkaufszahlen fließen dann direkt in das
Warenwirtschaftssystem ein und führen zu Reaktionen bei den
Geschäftspartnern. Sogenannte Vendor-Managed-Inventory-Systeme
bestellen nämlich vollautomatisch bei Lieferanten, basierend auf Ab-
verkaufszahlen und Erfahrungswerten. Sie betrachten den aktuellen
Lagerbestand, was verkauft wurde und was dies (aus statistischer
Erfahrung heraus) für den Verkauf der nächsten Tage bedeutet.

Abb. 8: Der Kunde vor den Unternehmenstoren

Daher könnte man behaupten, die Struktur aus allen beteiligten Unternehmen würde sogar vom Markt aus gesteuert! Wie kann ich also behaupten, der Kunde stehe vor der Tür? Dieser Einwand ist richtig in Bezug auf eine technologische Einbindung, aber falsch in Bezug auf die stattfindende Unternehmenskommunikation. Zur Verdeutlichung dieses wichtigen Sachverhalts will ich Ihnen ein Beispiel erzählen:

> Die Scannerkasse meldet an das System, dass eine Packung grüner Tücher verkauft wurde. Also bucht das Vendor-Management-System eine weitere Ladung grüner Tücher. Der Marketingmanager analysiert, dass grüne Tücher proportional stärker gekauft werden als blaue Tücher und stellt die Produktions- und Marketingplanung darauf um.

In Wirklichkeit *hatte das Unternehmen nie Kontakt mit dem Markt*, denn dieser (symbolisiert durch Sie als einzelnen Kunden) wollte rote Tücher. Was das Unternehmen nie erfahren wird, denn das System kann ihm das nicht sagen. Abverkaufszahlen und Vendor-Managed-Inventories usw. sind hocheffektiv zur Optimierung der Logistikkette. Einen umfassenden Kontakt zum Markt stellen sie nicht her.

Ein weiterer Einwand gegen unsere Analyse ist die Aussage, dass es für reine Investitionsgüter den Zugang zum Markt sehr wohl gäbe, weil es seit „Just-In-Time" enge Verbindungen zwischen Lieferant und Kunden gäbe. Der Markt der Endkonsumenten wäre dafür nicht relevant.

Dies ist ein Trugschluss, weil jede Wertschöpfungskette in der Industrie irgendwann beim Endkunden ankommt. Eine alte Vertriebsweisheit sagt, dass man verkauft, wenn man seinem Kunden dabei hilft, dessen Kunden zu erreichen. Für den letzten in der Kette stellt sich die Frage nach dem Endkunden, wieso nicht für seine Lieferanten?

Also benötigen wir Managementmethoden und Systeme, die den Weg zum Markt stärker in den elektronischen Handel integrieren. Einfach einen Web-Shop zu errichten, ist nicht genug.

Alles wird geschluckt

Aber immerhin ist heutzutage die technische Basis vielversprechend. Electronic Commerce wurde klassisch mit Mehrwertdienstleistungen realisiert. Diese wurden auf proprietären weltweiten Netzen von Großkonzernen angeboten, die ihre eigene Netzinfrastruktur anderen Unternehmen zur Verfügung stellten. GE oder IBM sind typische Beispiele für solche Provider, aber auch CompuServe hat seinen Ursprung im Time-Sharing- Geschäft der frühen 60er Jahre.

Solche Dienstleistungen sind für die jeweiligen Kunden rentabel, aber sie waren nicht gerade preiswert und kaum austauschbar. Es entwickelten sich zwar einheitliche Sprachstandards (EDI ist nur der bekannteste), aber die zugrundeliegende Technologie blieb aufwendig und proprietär, von den holprigen Schnittstellen zwischen den Netzen ganz zu schweigen!

Daher existieren klassisch auch sehr verschiedene Kommunikationsstrukturen in einem Unternehmen. Ein LAN ist eine andere Technologie als die EDI-Anbindung der Logistikkette. Das weltweite Mailsystem hat überhaupt nichts zu tun mit den Marketingbroschüren oder gar den Werbespots über ein Produkt des Unternehmens. Studien sprechen von bis zu 60 verschiedenen Kanälen, über die ein Unternehmen mit seinen Kunden kommuniziert!

Da alleine schon die Technologien, die einem Werbespot oder dem E-Mailsystem zugrunde liegen, sehr verschieden sind, werden die entsprechenden Kommunikationsformen auch in unterschiedlichen Abteilungen der Unternehmen betreut: Ein E-Mail-System oder LAN gehört in die EDV-Abteilung, eine Marketingbroschüre zur PR-Abteilung und der Werbespot in die Werbung. Dies ergibt natürlich etliche paradoxe Situationen, insbesondere wenn auf den verschiedenen Kanälen unterschiedliche Botschaften vom Unternehmen ausgehen. Der Kunde nimmt aber das Unternehmen als Ganzes wahr, mit allen seinen widersprüchlichen Aussagen. Verständlich, dass er irritiert sein wird.

Die Spielregeln haben sich geändert. Internet-Technologie ermöglicht es jetzt seit einigen Jahren, alle Kommunikationsvorgänge preiswert und standardisiert zu realisieren. Durch das Intranet – die Internet-Technologie „inhouse" – lässt sich eine transparente und schnelle Weiterleitung einer umfangreichen Informationsmenge innerhalb und außerhalb eines Unternehmens direkt an den Desktop jedes einzelnen Mitarbeiters mit einem geringen Aufwand von Arbeit, Zeit und Kosten verwirklichen.

Unternehmenskommunikation, Mehrwertdienste und Online – einst proprietär und teuer realisiert – verwenden jetzt die gleiche Technologie in hochintegrierten Systemen, was sich im Fachjargon „Extranet" tauft.

Fertige Modelle für den elektronischen Handel?

Zusammenfassend: Technologisch wurden die richtigen ersten Schritte gegangen. Unternehmen werden dank der Electronic Commerce-Strategie auf Intranet/Extranet-Basis effizienter, schneller und flexibler.

Aber bisher hören sich viele Aussagen zum elektronischen Handel so an, als würde im Kern alles beim alten bleiben. Handel ist Handel, seit den Zeiten der Seidenstraße oder der Hanse bis heute. Jetzt handeln wir eben elektronisch.

Solche Ansätze bilden aber nicht das endgültige Szenario, sie beschreiben keine tragfähige Struktur für die digitalen Märkte der Zukunft. Wir müssen noch radikaler denken. Lassen Sie uns einmal analysieren, wie wir zu unseren heutigen Glaubenssätzen der Vermarktung gekommen sind! Vielleicht müssen wir einige davon zu den Akten legen?

Die Evolution des Marketing

Broadcasting

Wir haben in den ersten Kapiteln die Evolution der Produktion kennen gelernt und die 90er-Jahre-Ansätze, sie zu elektrifizieren. Wir haben gesehen, dass es eine wesentliche Voraussetzung für den massenhaften Wohlstand war, standardisierte Güter unter Erzielung von hohen Economies of Scale zu produzieren.

Die Kehrseite der Medaille waren relativ marktferne Güter, da potentielle Kunden statistisch stark vereinfacht wurden und die Unternehmen lange Produktlebenszyklen benötigten, um die Anfangs-

investitionen wieder einzuspielen. Der Kunde steht deutlich am Ende
der Kette.

Eine solche Art der Produktion benötigte die Ergänzung durch eine
passende Art der Vermarktung. Eine Vermarktung eben, die erst ein
extrem standardisiertes Bedürfnis erfindet (erfindet deswegen, weil
das Bedürfnis nicht wirklich, sondern statistisch ist) und später, nach
langer Zeit des stillen Entwickelns im Unternehmen, der verblüfften
Welt erklärt, dass das Produkt existiert und die Menschen genau dieses (statistische) Bedürfnis haben. Diese Art der Vermarktung wollen
wir in Anlehnung an Regis McKenna *Broadcasting* nennen, weil das
Unternehmen wie ein großer, wahllos in alle Richtung strahlender
Sender in der Mitte steht.

So können wir den in Abb. 3 dargestellten Pfeil der Massenproduktion um die klassischen Vermarktungsmechanismen des Broadcasting
ergänzen:

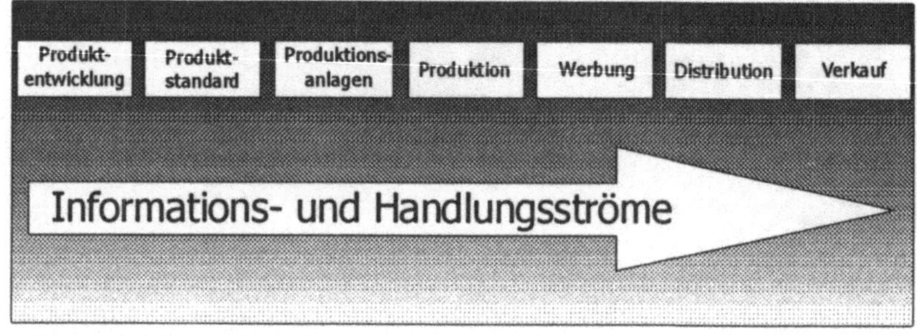

Abb. 9: Vermarktungsverlauf im Broadcasting

Auch dieser Pfeil läuft – wie bei der Massenproduktion – strikt vom
Unternehmen zum Kunden. Kunden werden eigentlich weder gefragt,
noch haben sie eine Einflussmöglichkeit. Der Weg entlang des Pfeils
ist strikt einseitig. Zeichnen wir das Unternehmen, von dem solche
Wertschöpfungspfeile ausgehen, als Kreis und lassen es in alle
Richtungen zielen (vom Unternehmen weg hinein in den Markt),

48

können wir das obige Schema auch schematischer und symbolträchtiger darstellen:

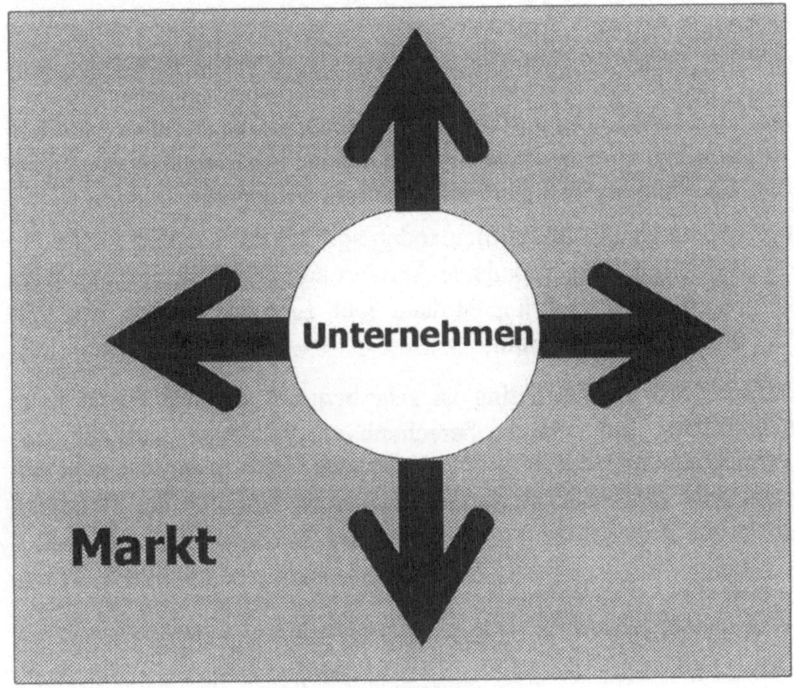

Abb. 10: Der Morgenstern des Broadcasting

Was symbolisch bedeutet: Alle Produkte, Informationen und Werbebotschaften fließen vom Unternehmen zu den Kunden. Das Unternehmen ist der beherrschende, ausstrahlende Punkt, der Sender in der Mitte. Der Kunde kann nur vorm Fernseher sitzen, Werbung schauen und das angepriesene Gut kaufen. Oder auch nicht. Die einzige Rückmeldung des Kunden erfolgt statistisch über Hunderttausende, gemittelt in Form des Ratespiels Marktforschung.

Dieses Bild, der strahlende Morgenstern (Sie erinnern sich doch an die eindrucksvolle Waffe aus Ritterfilmen?), soll von jetzt an unser

Kurzsymbol für Broadcasting sein. Die gigantische Werbe- und Marketingwirtschaft, die wir heute vorfinden, beruht im Kern immer noch auf diesem Modell. Dabei fallen besonders zwei Übergänge innerhalb der gezeigten Wertschöpfungskette auf: Sowohl die Marktforschung als auch die Werbung wirken eigentlich als *Filter von Kommunikation* zwischen dem Kunden und dem Unternehmen.

- Die Marktforschung überträgt nicht „Volkes Stimme", sondern ein statistisches Mittel, das möglicherweise noch nicht einmal der Meinung auch nur eines Menschen entspricht.

- Die Werbung spricht niemanden speziell an, sondern sendet unspezifisch, ohne irgendeine Antwort außer den Abverkaufszahlen zu erwarten. Und dies ist dann eben auch das einzige, was hoffentlich zurückkommt.

So eine Art von Marketing ist sehr bequem und der Traum jedes Controllers. Eine stabile, berechenbare Nachfrage und der ausschließliche Verkauf an große, homogene (oder zwangsweise homogenisierte) Märkte. Das Marketing dient in Wahrheit der Fertigung, nicht dem Kunden, wie es B. Joseph Pine II von der IBM ausdrückt.

Case-Study: Die Geschichte des Radios

Der leicht sarkastische Ton unserer Beschreibung des Broadcasting soll nicht darüber hinwegtäuschen, dass diese Vermarktungsform eine der wesentlichen Vorbedingungen war, Teile unserer Industrie- und Medieninfrastruktur überhaupt erst etablieren zu können. Dass dieses Modell heute nicht mehr den Erfordernissen genügt, soll nicht bedeuten, dass es zu einem früheren Zeitpunkt keine angemessene Lösung war. Dies will ich an der Geschichte des Radios erläutern.

Radio war am Anfang seiner Entwicklung ein dem Internet sehr ähnliches Medium. Es wurde interaktiv genutzt. Tuning war eine aktive, keine passive Tätigkeit. Radiobenutzer fielen in der Anfangszeit, also vor dem ersten Weltkrieg, in zwei Kategorien:

1. **Profis**: Unternehmen wie General Electric betrachteten das Radio als langweilig für den Massenmarkt. Daher vertrieben Sie es für Punkt-zu-Punkt Verbindungen von Kunden, bei denen normale Telefonnetze unpraktisch gewesen wären.

2. **Amateure**: Amateure bastelten wie zu Anfangszeiten der Computerei ihre Empfänger und Sender selber, sendeten Funkrufe in den Äther (vergleichbar einer WWW-Seite) und warteten auf Antwort von einer anderen Station. Selbst wenn die Sendestärke dieser Amateure minimal war, hatten sie ein Relay-Netz errichtet, mit denen sie die USA mit Nachrichten überspannen konnten. 5000 solcher Amateure gab es in den USA im Jahre 1917.

In beiden Kategorien wurde Radio also als ein *zweiseitiges* Medium aufgefasst. Bandbreite zu monopolisieren galt als ebenso tabu wie auch nur geringe Formen der Kommerzialisierung. Selbst Präsident Hoover sagte noch 1924, dass er Werbung im Radio für völlig inakzeptabel halte, da der Hörer nicht wie beim Zeitungslesen die Wahl hätte, etwas zu lesen oder nicht. Und eine Präsidentenrede zwischen zwei Werbeblöcken „gesandwiched" wäre doch etwas unangemessen. Er hätte Präsident Clinton fragen sollen, was man mit Präsidenten in den Medien noch alles machen kann!

Mit dieser Kommerz-Feindlichkeit gab es nur ein fundamentales Problem, denn bis 1922 war Radio endgültig in aller Munde, die coolste Technologie, mit der man sich beschäftigen konnte. Spätestens zu diesem Zeitpunkt wurde der Begriff Broadcasting – ursprünglich eine Bezeichnung der Farmer beim Ausstreuen von Saatgut – eines der Modewörter im amerikanischen Alltag.

Mit dieser Modewelle entstand ein gewaltiger Anspruch des Konsumenten an die Qualität des Programms, sowohl vom Inhalt her, als auch von der Übertragungsqualität. Und diesem Anspruch konnten die Amateure nicht gerecht werden. Eine solche Infrastruktur war nicht zu finanzieren. 1921 hatten nur fünf Radiostationen eine Broadcast-Lizenz, also eine, die erlaubte, Wetterberichte und ähnliches zu senden. 1923 war es schon die zehnfache Menge. Aber kaum jemand betrachtete Radio als etwas, mit dem man Geld verdienen konnte!

Inhaber von Radiostationen betrachteten die Station als einen Promotion-Gag, der für ihr eigentliches Kerngeschäft werben sollte. 39 Prozent der Radiostationen zu dieser Zeit wurden von Unternehmen betrieben, die selber Radiogeräte verkauften!

Verzweifelt wurden Lösungen gesucht, um die Radioinfrastruktur Amerikas zu bezahlen. Vorschläge gingen von gemeinschaftsorientierten Geldgebern, sogenannten „Sugar Daddies" bis zu einer Steuer auf Radiogeräte, die dem Staat die Finanzen geben sollten, um die Infrastruktur aufzubauen.

Die eigentliche Killer-Applikation für das Radio erfand allerdings AT&T. Es bot einen Service an, der heute völlig harmlos klingt, damals aber revolutionäre Folgen hatte: AT&T vermietete Infrastruktur auf einer „Pay as you play"-Basis. Was bedeutete: AT&T stellte überhaupt keine Radioprogramme her, es stellte nur die Infrastruktur zur Verfügung, damit jeder Interessent *sein* Radioprogramm senden konnte. Und die ersten „Sender" waren große Industriefirmen, die Programme sponserten. Womit die Werbung den Einzug in die Radiowelt gehalten hatte und indirekt die Infrastruktur finanzierte! Diese Infrastruktur konnte von Giganten wie AT&T und später General Electric mit massiven Economies of Scale realisiert werden. Den Rest der Story können Sie leicht erfahren, wenn Sie *jetzt* Ihr Radio anschalten!

Radio war also ein Medium mit einem interaktiven Anspruch. Dieser frühe Anspruch ist verlorengegangen und damit auch die Vorteile, die ein interaktives Medium den Unternehmen bieten kann. Es ist heute wichtig, die Unterschiede zwischen dem digitalen Medium und dem damaligen Radio zu begreifen, um diese Interaktivität zur Blüte zu bringen und ökonomisch zu nutzen.

Direktmarketing und One-to-One

Auch in die glänzenden Flure der Marketingabteilungen hat die Digitalisierung natürlich Einzug gehalten. Die Besten unter ihnen zeichnen sich durch perfekte Beherrschung einer der Kern-Errungenschaften der Computerwelt aus: der Datenbank. Wieso?

Nun, im klassischen Broadcasting wird Werbung im Kern völlig ungezielt und mit rudimentärem Feedback gestreut. Aber unser gesunder Menschenverstand sagt uns schon, dass die Statistik gegen uns spricht, wenn wir einen Pfeil in unseren Bogen spannen und einfach irgendwohin halten, in der Hoffnung, die Zielscheibe wäre schon irgendwo im Wege. Daher war es nur einleuchtend, dass findige Marketingleute auf die Idee kamen, genauer zu zielen, im Extremfall so genau zu zielen, dass *eine einzelne Person* getroffen wird. Schematisch in Abb. 11 zu sehen.

So etwas ist aber eben nur mit hervorragenden Datenbanken möglich. Jeder Abverkauf wird gespeichert (Sie kaufen eine Packung grüner Tücher) und aus allen Abverkäufen wird ein Kundenprofil erzeugt. D.h. Sie als einzelner Kunde haben eine gespeicherte Kaufgeschichte bei einem Unternehmen.

Oder noch ausgebauter: Eine Datenbank liest alle Verkaufsprofile eines Unternehmens, die Marktprognosen und die Einkommensverteilung eines ganzen Landes gleichzeitig ein (bis auf die einzelne Straße genau natürlich) und erstellt daraus ein Modell der potenziellen Kaufwilligkeit (ebenfalls bis auf die Straße genau). Zu was so etwas gut ist? Nun, danach werden genau in den passenden Straßen die Flugzettel verteilt, die Sie aus Ihrem Briefkasten fischen und in den Mülleimer weiterbefördern. Außer es handelt sich um einen neuen Pizzaservice (für dessen Marktrecherche man allerdings keine Datenbank benötigt).

Don Peppers und Martha Rogers, auf die ich gleich noch näher eingehen werde, sagen mit Sarkasmus, dass es nur fair sei, wenn sich Unternehmen heute jede Begegnung mit dem Kunden merken könnten, schließlich hätte sich der Kunde schon immer jede Begegnung mit einem Unternehmen merken können.

Die Grundannahme hinter dem klassischen Direktmarketing ist dieselbe wie hinter aller Prognostik: Die Zukunft ist eine Verlängerung der Vergangenheit. Wer oft Steaks gekauft hat und kaum Tofu, wird in Zukunft eher die neu entwickelten Megasteaks kaufen statt den gerade lancierten Ökotofu-Light. Von zwischenzeitlich auftretenden persönlichen Erleuchtungen wird dabei abgesehen.

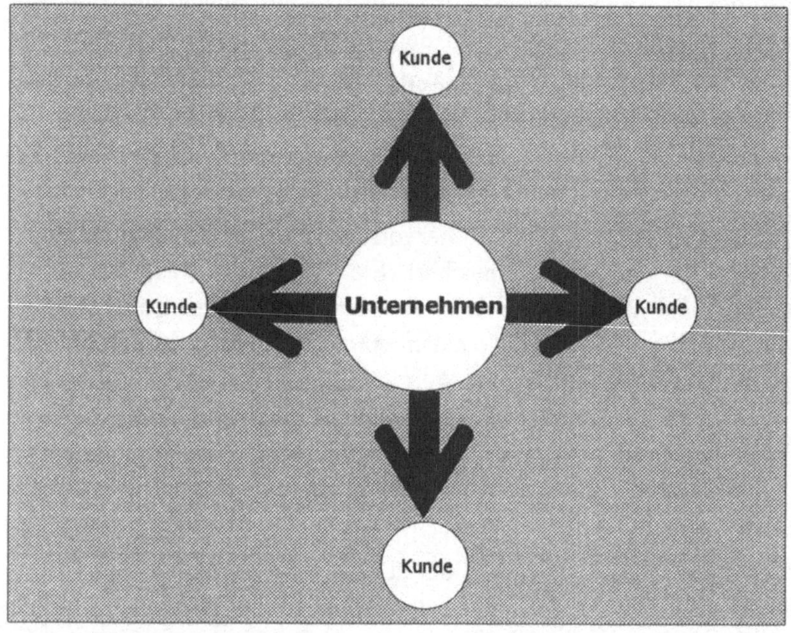

Abb. 11: Direktmarketing-Ansatz

Dies führt dann (bei schlechten Datenbanken) zu geringfügigen Ärgernissen: Einer der größten deutschen Kongressveranstalter, bei dem ich vor Jahren ein (hervorragendes) Seminar zum Multimediarecht besuchte, bombardiert mich seitdem mit allen Informationen zu kommenden *Rechts*-Seminaren (wie Baurecht, Konsumgüterrecht,

Immobilienrecht usw.), die alle im Papierkorb landen. Das mir im Laufe der Zeit zugesandte Material übersteigt allein an Portokosten bei weitem das von mir für Seminare ausgegebene Geld. Was erweckt ein solches Verhalten beim Kunden für ein Bild des Unternehmens?

Nach amerikanischen Studien steht der durchschnittliche amerikanische Erwachsene auf mindestens 100 verschiedenen Direktmarketinglisten und erhält als Ergebnis satte 20 kg ungefragte Post pro Jahr in seinen Briefkasten.

Die Methode, so exakt zu zielen, dass genau eine Person getroffen wird, klingt mit „Direktmarketing" eigentlich schon recht menschen- oder kundenfreundlich. Aber machen wir uns klar, dass die Aktivität immer noch vom Unternehmen ausgeht. Es zielt nur genauer. Es existiert keine Partnerschaft, das Unternehmen ist immer noch der Sender, der Kunde immer noch statistischer Kunde. Man hat gelegentlich bei manchen Aussagen von Direktmarketingunternehmen den Eindruck, es handele sich gar nicht um den Kunden, sondern um die Kunst des Zielens!

Im Zeitalter der interaktiven Medien sahen Direktmarketing-Unternehmen natürlich ihre Stunde gekommen, tauften sich flugs zu Dialogmarketing um, was Partnerschaft andeutet. Aber wir haben gesehen, dass im Kern des Direktmarketing immer noch die Idee der Trennung zwischen Kunde und Unternehmen steckt, mit dem Unternehmen auf der mächtigen Seite. Marketing im klassischen Sinne bleibt der Informationsfilter, wie wir ihn bei der Schilderung der klassischen Wertschöpfungskette kennen gelernt haben. Daher wird Ihnen eine Marketingagentur im Zweifelsfall Vorgehensweisen empfehlen, die Marketingagenturen erfordern.

Ein aktuelles Beispiel: Viele Diskussionen füllen Marketing- und Werbezeitschriften über die Frage, wie ein Unternehmen die gigantischen Responsemengen verarbeitet, die durch Internet-Auftritte gelegentlich hervorgerufen werden.

Eine Direktmarketing-Agentur wird Ihnen natürlich verkünden, es gäbe nichts Wichtigeres, als diese Response *im* Unternehmen zu bearbeiten. Als Folge verkauft Ihnen die Agentur die dazugehörige Dienstleistung, inklusive Datenbank und Call-Center. Eine Lösung, die einen Großteil der Response selbstorganisiert schon im Internet selber bearbeitet, kann eine solche Agentur nicht empfehlen: Dies würde sie selber überflüssig machen!

Aber auch das Direkt- oder Dialogmarketing bewegt sich langfristig in die richtige Richtung, nicht zuletzt Dank einiger Vordenker wie den zu Recht hochgelobten Beratern Don Peppers und Martha Rogers, den Erfindern von One-to-One.

Don Peppers leitet die Beratungsfirma *marketing One-to-One* in Weston, Connecticut, Martha Rogers ist Professorin an der Bowling Green State University in Ohio. Ihre Bücher und Artikel versorgen die Business-Community mit einer Menge innovativer Tools, die erste Schritte in das digitale Zeitalter erleichtern.

Im Kern raten Peppers/Rogers ihren Anhängern, sich mit weniger Kunden zu beschäftigen, dafür aber intensiv. Genauer: Statt immer wieder an eine anonyme Masse zu verkaufen, sollte ein Unternehmen seine besten Kunden als Individuen immer besser kennen lernen, und versuchen, diesen Individuen während ihrer Lebenszeit immer passendere Produkte zu verkaufen. Massenmarketing ändert sich nicht, sagen sie, das Spiel ist vorbei. Der Konsument übernimmt den Sitz des Fahrers, Werbeleute können höchstens noch per Anhalter fahren.

Wie funktioniert die Vermarktung jetzt bei One-to-One? Aus den vielen Kundenbeziehungen die mittels Datenbank durch das Direktmarketing gespeichert wurden, greift sich One-to-One eine einzelne Beziehung heraus:

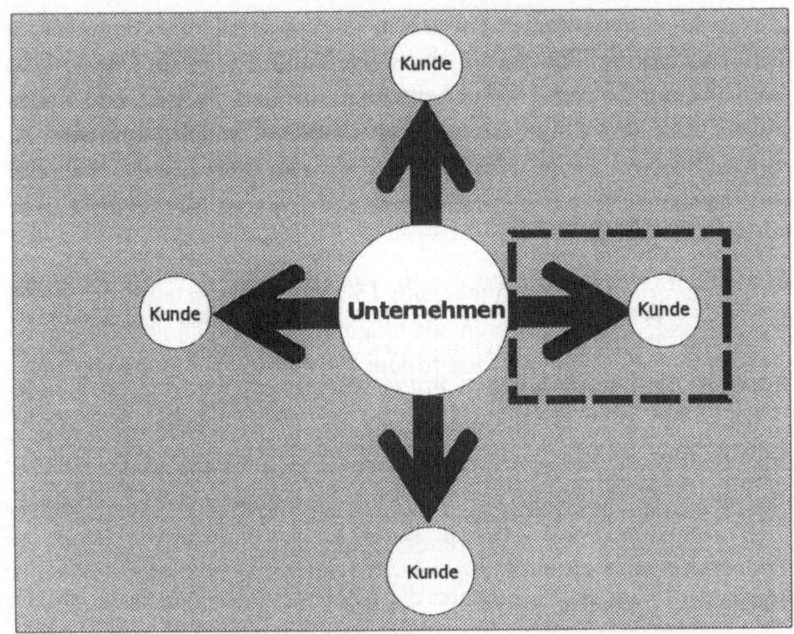

Abb. 12: Marketing One-to-One

Und mit diesem einzelnen Kunden tritt das Unternehmen in einen fortlaufenden Dialog, wobei jedes technologische Mittel genutzt wird, was das Informationszeitalter so zu bieten hat. Unser Symbol für den One-to-One-Dialog ist also:

Abb. 13: Kunde und Unternehmen als Partner

Ein wirklich wesentlicher Fortschritt im Vergleich zum Morgenstern des Broadcasting! Für diesen einzelnen Kunden wird im One-to-One ein Customer Lifetime Value berechnet, mit dem Peppers und Roger zeigen, dass es für ein Unternehmen effektiver und ertragreicher ist, einen größeren Teil der Güter und Leistungen eines Kunden während einer größeren Zeit seines Lebens zu liefern, statt Marktanteile über Masse zu erzielen.

Der Hintergrund ist die altbekannte Tatsache, dass es teurer ist, einen neuen Kunden zu akquirieren, als einem alten Kunden neue Dinge zu verkaufen. Daher liegt im One-to-One der Schwerpunkt darauf, einen schon existierenden Kunden immer besser kennen zu lernen, ihm neue Dinge zu verkaufen, die während eines großen Teil seines Lebenswegs immer besser seinen Wünschen entsprechen. Marktanteile werden nicht mehr im unbekannten Markt gewonnen, sondern als Zusatzgeschäft bei existierenden Kunden.

Peppers und Rogers bezeichnen die folgenden vier Prinzipien als die Kernansätze des One-to-One-Marketing:

1. Identifizieren Sie den Kunden. Lernen Sie den Kunden genau kennen und verbinden Sie alle Informationen über ihn miteinander.

2. Unterscheiden Sie Ihre Kunden anhand Ihrer spezifischen Wünsche und danach, wieviel sie jeweils für Sie wert sind. Je unterschiedlicher die Bedürfnisse der Kunden sind, um so wertvoller ist die individuelle Anpassung für das Unternehmen.

3. Treten Sie in einen Dialog ein.

4. Passen Sie Ihr Produkt oder Ihre Dienstleistung an seine Bedürfnisse an.

Peppers/Rogers bestätigen mit ihren Thesen die von mir bisher beschriebene Analyse. Sie sprechen von Kunden-zentrierter Konkurrenz statt der bisher betriebenen Produkt-zentrierten Konkurrenz, was eine andere Formulierung für die geschilderten Pfeile der Wertschöpfung ist. Statt vom Produkt zum unbekannten Kunden zu wandern, schaut man sich den Kunden erst einmal genauer an. Mit diesem Kunden tritt man ein in kollaboratives Arbeiten und Lernen, ähnlich wie man bisher mit Lieferanten oder anderen Geschäftspartnern arbeitet.

Allerdings ist auch in vielen One-to-One-Anwendungen der Pfeil noch nicht wirklich umgedreht. *Der Kunde bleibt ein Kunde außerhalb des Unternehmens, kein wirklicher Partner.* Interaktivität wird so oft als reine Feedbackschleife zwischen Unternehmen und Kunden beschrieben: Das Unternehmen gibt dem Kunden ein Produkt, der sagt dem Unternehmen, was ihm daran gefällt oder nicht, und das Unternehmen ändert das Produkt entsprechend.

Dies ist zwar ein vortrefflicher Weg zum Lernenden Unternehmen, aber andererseits auch eine Miniatur-Variante des In-den-Markt-schmeißen, Marktforschung-betreiben, nächster Versuch. Expeditions- oder Experimentalmarketing wird dies von manchen genannt und wird als Möglichkeit gepriesen, langsam aber beständig jede Marktnische zu besetzen.

Zu Höchstformen läuft das One-to-One Marketing immer in den Momenten auf, in denen der ehemalige Kunde wirklich ein Teil des Unternehmens wird und gleichberechtigt Produkte und Services entwickelt. Ein paar tröstende Worte zum Schluss: Trotz all unserer Kritik gibt es natürlich Marketingunternehmen, die hervorragende Arbeit leisten. Viele der in diesem Buch angeführten Beispiele belegen dies.

Außerdem ist der Trend durchaus motivierend: Der zunehmende Einfluss von Dialogmarketing, Eventmarketing oder ähnlichem geht in die richtige Richtung. In eine Richtung des gedrehten Pfeils. Nur wird, wie in der Produktion, der Pfeil noch nicht wirklich herumgedreht, was bedeuten würde, den Kunden als wirklichen Partner mit ins Unternehmen zu holen.

Flame-Wars

Nichts zeigt die Problematik des klassischen Direktmarketing besser als die Massen-Mailings im Internet, eine Unsitte, die beständig wahre Flame-Wars heraufbeschwört, weil sie den Mechanismen der Kommunikation im Internet krass widerspricht. Ist es schon Kunststück genug, täglich teilweise Hunderte von Mails schnell auf Verwertbares hin durchzusehen, bombardieren seit Eintritt der Direktmarketing-Agenturen in das Online-Geschäft noch einige Versender von Informations-Mailings unsere Mailboxen.

Angestiftet werden sie durch Vertreter des alten Broadcasting-Dogmas, die in einschlägigen Zeitschriften frech behaupten, das Internet würde zu einer Renaissance der klassischen Werbung führen und die Gesetze des Mailings seien im Internet auch nicht anders als sonst. Was sollen sie auch sonst tun, wenn sie ihren Lebensunterhalt bisher damit verdient haben, zu analysieren, wie man Briefe verfassen muss, damit der Leser sie nicht gleich wegwirft?

Wenn dies Kundenbindung im Sinne des One-to-One-Marketing erzeugen soll, ist das Mittel völlig verfehlt, denn solche Mailings verursachen nur Ärger, Ablehnung und im Wiederholungsfall „Flame-Wars". Auch Martha Rogers schreibt, dass ein One-to-One-Unternehmen Informationen *vom* Kunden und nicht Informationen *über* den Kunden braucht.

Ein bombardierter Kunde wird Ihnen nicht mehr sagen, was Sie wissen müssen!

Da hilft es auch nicht, dass Ihnen Direktmarketing-Profis erklären, dass diese Mailings dank moderner Datenbanktechnologie immer genauer die Interessen des Konsumenten treffen. Sie greifen mittels eines E-Mailings ungefragt in die Privatsphäre und in den effizienten Informationsfluss ein.

Besonders tragisch: Statt Ihre Marke in Zukunft positiv wahrzunehmen, wird der Mail-Empfänger sie *hassen*. Ihr Mailing stiehlt ihm Zeit und mentale Ressourcen. Unternehmen, die Massenmailings verschicken, zeigen, dass sie die Zeitenwende nicht begriffen haben und den Kunden nicht als Partner oder Individuum akzeptieren. Und Berater, die Ihnen Mailings empfehlen, haben Ihnen mit Nachdruck dabei geholfen, Ihren Ruf bei existierenden oder zukünftigen Kunden zu ruinieren!

Mit neuer Technologie kann den Surfern geholfen werden. Unternehmen wie „Junkbusters" filtern Mail für Sie nach individuellen Kriterien. Sie bekommen danach nur Junk-Mail, die potenziell von Interesse ist. IBM arbeitet an Systemen, die Junk-Mail zu einem wechselseitigen Geschäft machen. Wenn Sie ungefragte Mail erhalten, kontaktieren Sie den Absender elektronisch und sagen ihm, was Sie dafür berechnen, eine ungefragte Mail zu lesen. Er kann elektronisch checken, ob Sie die Mail gelesen haben. Wenn Sie es getan haben, bekommen Sie Geld.

Der Internet-Kommunikation angemessen ist auch die Methode, Newsletter auf der Internet-Seite anzubieten und auf jeder Mail einen Link zu haben, der es ermöglicht, jede weitere Zusendung zu unterbinden. Unternehmen, die Cyberspace-Mechanismen verinnerlicht haben und den Kunden als gleichberechtigten Partner akzeptieren, bewegen sich lieber eine Zeitlang bescheiden in Newsgroups, erfahren, was dort von Interesse ist, bieten Hilfestellung und vertrauen auf die Befähigung der themenzentrierten Usergruppen, *wirklich* interessante Information selber zu orten.

Push up oder Full Pull?

Der legendäre Physiker, Judolehrer und Körpertherapeut Moshe Feldenkrais hat einmal über Probleme und Lösungsmöglichkeiten gesagt: „*Eine* Möglichkeit ist Zwang, zwei Möglichkeiten sind ein Dilemma, ab drei Wegen beginnt die Freiheit."

So gesehen befindet sich das Marketing auf dem Territorium des Internet im klassischen Dilemma: Push oder Pull. Zwei Möglichkeiten, keine Freiheit. Ein Streit, der sich über Monate in den einschlägigen Zeitschriften hinzog und zahlreichen Redakteuren Stoff lieferte, ihr tägliches Brot zu verdienen. Für Marketing-Agenturen ist dieses Dilemma aber nicht weiter tragisch, schließlich zahlt der Kunde dieser Agenturen für den ideologischen Streit.

Erinnern wir uns:

- **Push** nennt die Marketingszene eine Anwendung, bei der ein zentraler Sender eine Information ungefragt an einen Adressaten schickt. Die meisten klassischen Massenmedien verwenden die Push-Ideologie. Vorausgesetzt, Ihr Fernseher ist angeschaltet, erreicht Sie der Werbespot ungefragt. Neben der Werbung gibt es aber durchaus sinnvollere Anwendungen für Push-Vorgänge: z.B. werden im Softwarebereich permanente Upgrades im Push-Verfahren verteilt.

- **Pull** ist im Gegensatz dazu eine Methode, bei der ein Kunde oder ein Anwender sich eine Information oder ein Produkt selber holt. Wenn ein Fernsehsender ein Push-Medium ist, stellt die Videothek an der Ecke die Pull-Alternative dar. Das World-Wide-Web ist im wesentlichen ein Pull-Medium. Der Surfer sucht sich, was er benötigt selbst und holt sich die Information durch Download auf seinen PC.

Push also sind im Internet-Zusammenhang Junk-Mails, Pull ist eine Information, die zum Download bereitgestellt wird. Die allseits beliebten Werbebanner würde ein hartgesottener Werber wahrscheinlich als Pull-Marketing bezeichnen, schließlich werden die Menschen ja nur durch ein kleines bisschen Push darauf hingewiesen, wo sie sich die Sachen selber holen können! Nun, gegen Werbebuttons ist an sich nichts zu sagen, wenn sie intelligent eingesetzt werden. Tragisch ist nur, dass Werbebanner ebenso wie Gewinnspiele von klassischen Werbeagenturen besonders gepusht werden, weil es vertrautes Terrain ist.

Mit Werbebannern können sie das Äquivalent zum TKM (Tausender-Kontakt-Preis) berechnen und fröhlich klassischen Anzeigenvertrieb betreiben. Also, verwenden Sie ruhig Werbebanner, aber halten Sie ihre Werbeagentur an der Leine!

Ärgerlich ist allerdings das eine Zeitlang als Revival des Push ausgerufene *Webcasting*. Dort wird gesagt, dass massenhaft über das Netz gestreute Informationen mit den digitalen Medien verträglich sind, wenn der Surfer ein Mittel hat, diese auf seinen persönlichen Bedarf zuzuschneidern. Wenn also eine Software auf dem Rechner des Surfers auf seine persönlichen Präferenzen zugeschnitten ist und er dadurch nur die Nachrichten, Ankündigungen und Junk-Mails bekommt, die ihn interessieren könnten, kann man wieder Push-Marketing einsetzen.

Mein Einwand ist ein ähnlicher wie bei Werbebannern. Webcasting ist für viele Anwendungen eine praktische Technologie, z.B. für das Abonnement von Informationsdiensten oder für regelmäßige Teammitteilungen im Intranet. Gerade für Anwendungen wie Workflow werden Webcasting-Methoden sicherlich sehr wichtig werden. Sie verhelfen dem Netzwerk dazu, die Informationen permanent aktuell an die jeweils Zuständigen und Interessierten zu versenden.

Aber Webcasting schaltet die mächtigste Kraft im Internet – die Kommunikation der Surfer untereinander – völlig aus und führt wieder Sender ein, also Unternehmen, die vorsortieren und Informationen reduzieren. Vielleicht wissen Sie es schon aus der Physik: Information hat etwas mit Unwahrscheinlichkeit zu tun. Salopp könnte man frei nach Thermodynamik formulieren: Nur Dinge, die Sie *nicht* erwarten, sind Information!

Wenn also ein Sender vorsortiert und Sie Ihre persönlichen Präferenzen voreinstellen, werden Sie selten etwas wirklich Neues erfahren! Das Ergebnis ist, dass Sie nichts anderes mehr zu lesen bekommen als die oft als Beispiel herangezogenen Wetterberichte und Börsennachrichten! Also: Nutzen Sie Webcasting, aber nehmen Sie noch eine Sicherheitsleine für Ihre Werbeagentur mit!

Wir haben eingangs über das Push/Pull-Dilemma gesprochen. Und wir haben erwähnt, dass dieses konstruierte Dilemma hauptsächlich den Werbeagenturen nützt. Wo sehe ich die Überwindung des Streits? Dazu ist es wesentlich, die Vorannahme zu erkennen, die in Push/Pull steckt. Beide setzen voraus, dass Unternehmen und Kunde getrennte Welten sind.

In der Zukunft ergeben sich aber faszinierende Alternativen zu dieser Vorannahme: Unternehmen, in denen Kunden ihre Produkte mit-erzeugen, Externe als Mitarbeiter im Workflow oder Diskussions-gruppen, die dem Unternehmen permanente Informationen über den Wandel im Markt geben. Das Unternehmen wird ständig über den Markt informiert sein, und der Kunde wird wissen, was das Unter-nehmen tut. In einem solchen Umfeld verliert der Push/Pull-Streit völlig seine Relevanz.

Push und Pull werden eine friedliche Synthese eingehen, weil es für beide Methoden spannende Einsatzgebiete gibt. Die Überwindung der Trennung liegt in den Feldern, in denen die Trennung zwischen Unternehmen und Kunden nicht länger gilt und daher gar keine Rede mehr von Push *oder* Pull sein kann.

Die Zukunft des Verkaufs

Der Verkauf ist in unserer Kette vom Produkt zum Kunden der allerletzte Schritt. Kunden, die bis zu diesem Zeitpunkt immer noch nichts von dem produzierten Produkt gehört haben oder immer noch nicht einsehen, dass sie es kaufen sollen, müssen den klassischen Verkauf über sich ergehen lassen.

Allen wohlmeinenden Beteuerungen in Sales-Schulungen zum Trotz ist es im Paradigma der Massenproduktion die Aufgabe des Verkäu-fers, etwas zu verkaufen, was der Hersteller schon produziert hat. Es ist *nicht* seine Aufgabe, herauszufinden, was der Kunde wirklich möchte.

Dies ist besonders daran zu sehen, dass Verkaufsanstrengungen im-mer in dem Moment besonders gefördert werden, wenn Unternehmen oder Branchen in die Krise rutschen. Lässt sich ein Produkt nicht verkaufen, kommen Unternehmen selten auf die Idee, das Produkt zu ändern, nein, sie stocken vehement den Vertrieb auf. Besonders tragisch zeigte sich diese Einstellung, als die ersten japanischen Autos begannen, Kundenwünsche sehr präzise zu erfüllen und rapide an Marktanteilen gewannen.

Gerade die extrem sales-affinen US-Amerikaner reagierten darauf mit einem Schrei nach aggressiven Sales-Maßnahmen. Da amerikanische Autos im qualitativen Vergleich aber deutlich minderwertig waren (ich spreche aus Erfahrung . . .), führten diese aggressiven Überredungskünste nur zu aggressiven, fahnenflüchtigen Ex-Kunden.

Die Japaner kannten ihre Kunden besser und haben sich nach ihren Wünschen gerichtet. Sie hatten das Marketing im Sinne von Peter Drucker, „Marketing, das Verkaufen überflüssig macht." Ein Kunde, der das Produkt mitentwirft, weiß, dass es existiert und wird es kaufen. Ohne Verkäufer.

Sagen wir es drastisch: *Der klassische Verkauf hat keine Zukunft.* Der leichte Teil des Verkaufs wird durch automatische Tools in Online-Diensten ersetzt. Und die übrige Berührung mit dem Kunden wird im gemeinsamen Entwickeln von Produkten und Dienstleistungen nach Kundenwunsch bestehen. Und dies ist genau, was ein Verkäufer normalerweise nicht tut.

Trends zusammengefasst

Lassen Sie mich kurz zusammenfassen, was über Produktion- und Vermarktung in der Welt vor der Entdeckung des Cyberspace zu sagen ist:

- Die **Produktion** wendet sich unter dem Druck der Weltmärkte langsam vom Modell der Massenproduktion ab. Produkte werden schneller und marktnäher entworfen und produziert. Der Trend geht zu minimalen Losgrößen und der Umkehrung des Pfeils durch Reverse Costing und Einbeziehung Externer in den Unternehmensprozess.

- Die **Digitale Vernetzung** verschmilzt zunehmend Unternehmen und Branchen. Sie nutzt Internet-Technologie, um immer effizientere unternehmensübergreifende Prozesse zu realisieren, ist aber nach wie vor auf der Suche nach guten Schnittstellen zum Markt.

- Das **Marketing** kämpft noch mit seiner Herkunft aus dem Broadcasting, entwickelt aber zunehmend Techniken, um Dialogfähigkeit zu erhöhen.

Ein neues Paradigma zeichnet sich ab, das maßgeschneiderte Massenfertigung mit Mikromarketing verbindet, zu einer neuen Synthese führt und den Pfeil der Wertschöpfungskette endgültig dreht. Jetzt wollen wir überlegen, was mit dem Kunden, den wir ursprünglich erreichen wollten, während der ersten Geburtswehen der digitalen Revolution geschehen ist.

Ihre Statusaufnahme!

Überlegen Sie sich, bevor wir weitergehen, zuerst einmal den aktuellen Status zu den beschriebenen Entwicklungen in Ihrem Unternehmen. Wie hat die bisher geschilderte Historie der Unternehmensentwicklung mit all ihren Vorannahmen und Auswirkungen Ihr Unternehmen bezüglich Produktion und Marketing geprägt?

Positionieren Sie sich in den folgenden Kontinua, oben dem für die Produktionsorientierung, unten dem für Marketing. Wenn dies in Ihrem Unternehmen sehr unterschiedlich ist, verwenden Sie einfach einmal einen durchschnittlichen Daumenwert.

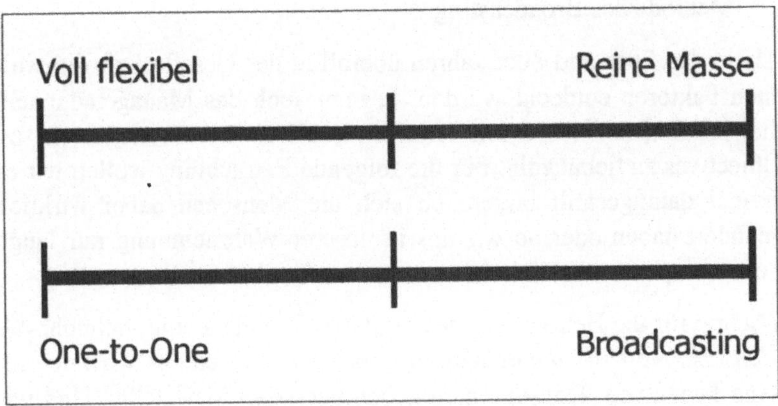

Abb. 14: Kontinua für Statusaufnahme

Können Sie sich eine veränderte Zukunft vorstellen?
Welche Grundannahmen gelten eigentlich nicht mehr?
Ist Ihre Positionierung einschränkend oder ideal angepasst?
Wo wollen Sie sich in Zukunft positionieren?

Grenzgänger

Neue „Menschenmodelle"

Neue Managementtheorien entstanden oft parallel mit neuen Bildern vom Mitmenschen:

- Dem Modell vom dummen Mitarbeiter, dem das Management misstrauen muss, entsprachen genau die Methoden des Taylorismus und des Fließbandes, die kontrollorientiert waren.

- Dem Modell des Massenkonsumenten entsprach genau die Methode des Broadcasting.

Als in den 70er und 80er Jahren überall in der Gesellschaft die weichen Faktoren entdeckt wurden, begann auch das Management und die Organisationslehre mit Konsensmodellen wie Management by Objectives zu liebäugeln. Für die folgende Betrachtung wollen wir es einmal dahingestellt lassen, ob sich die Menschen dabei wirklich geändert haben oder ob wir uns in unserer Wahrnehmung nur lange Zeit von spezifischen Modellen einschränken ließen.

Wichtig für die Beurteilung des digitalen Zeitalters sind vielmehr *die Menschenmodelle, die es aktuell hervorbringt.* Denn es wird ebenso neue Typen von Konsumenten geben wie neue Angestellte. Und wir alle merken schon jetzt, dass unsere alten Modelle nicht mehr greifen: Die Welt ist zu kompliziert und unsere Zeit zu knapp, um alles zu kontrollieren.

Konsumenten benehmen sich schon lange nicht mehr wie Konsumenten, sondern wagen es, uns unverkäufliche Lager zu bescheren, Werbung wegzuzappen und auch mal eine Modewelle auszulassen. Dabei waren die Marketingpläne doch so exakt! Wir nehmen in der Unternehmenspraxis und in unserem Alltag ganz entschieden eine Verschiebung zu neuen Menschenbildern wahr, zu neuen Lebensplänen, Formen des Kommunizierens oder der Motivation.

Eine der wichtigsten Beobachtungen ist, dass Privatleben und Arbeit nicht mehr so deutlich trennbar sind. Früher war man tagsüber braver Angestellter und abends der Star im Fußballclub. Man benutzte High-Tech-Equipment und extrem formalisierte Arbeitsabläufe im Beruf und benahm sich diametral entgegengesetzt nach Feierabend.

Dies ist heute keineswegs mehr so. Zum einen steht im Spielzimmer Ihrer minderjährigen Sprösslinge mehr High-Tech-Equipment als in vielen High-Tech-Firmen, die ich gesehen habe. Zum anderen sind die Menschen aus dem normalen gesellschaftlichen Umgang eine sehr direkte, kollaborative und pragmatische Umgangsform gewohnt, Verhaltensweisen, die sich wie selbstverständlich in die Unternehmen übertragen.

Konsumenten und Angestellte werden immer weniger unterscheidbar. Der angestellte Produktmanager ist abends selber Konsument. Der Konsument ist tagsüber Gestalter von Produkten. Sehr bewusst verwendet wird das im Trendmarketing. Dabei vermischen sich die Scouts (also Angestellte) so eng mit der Zielgruppe (also Konsumenten), um den letzten Schrei mitzubekommen, dass sie ununterscheidbar werden. Diese gesellschaftliche Entwicklung ist fundamental für das Verständnis der digitalen Medien: *Konsumenten und Mitarbeiter können nicht mehr getrennt betrachtet werden.*

Diese Grenzgänger stehen auf beiden Seiten der Mauer. Sie sind Konsumenten und Mitarbeiter eines Unternehmens zur gleichen Zeit. Sie vermischen Beruf und Privates, interessieren sich für spezielle Themen, nicht für Firmen, sind mit hoher Initiative ausgestattet und arbeiten eher in Netzwerken als in einer Hierarchie.

Diese flexiblen Mitarbeiter und Konsumenten sind der bestimmende Faktor in der Wirtschaftswelt der Zukunft. Eigentlich kann man nur noch in Ausnahmefällen von Konsumenten, Kunden oder Produzenten sprechen. Diese Begriffe in Reinform sind Auslaufmodelle. Erste Exemplare des flexiblen Konsumenten begegnen uns seit Jahren in den Online-Diensten und Newsgroups. Dort wollen wir uns zum Einstieg einige ihrer besonderen Eigenschaften ansehen.

Was lehren uns die Online-Dienste?

Klassische Online-Dienste wie AOL oder CompuServe sind exemplarische Gleichmacher. Der Benutzer solcher Dienste erkennt weder Titel, noch Alter, Nationalität oder Geschlecht seiner Kommunikationspartner in einer Mail oder einem Chatforum, außer, der Surfer auf der anderen Seite teilt es ihm explizit mit. Kommunikation in Online-Diensten ist extrem *themenzentriert*. Dies bedeutet, Online-Nutzer suchen gezielt Menschen, die sich für ähnliche Dinge interessieren und holen sich bei ihnen Rat, Anregungen, Erfahrungen und andere für ihr Thema interessante Dinge.

Ein Beispiel: Nehmen wir an, Sie interessieren sich für *Wein*. Sie möchten die besten Bezugsquellen kennen, Leute fragen können, die einige Jahrgänge bestimmter Weine schon probiert haben (und keine Verkäufer sind!) sowie dabei mit Leuten reden, die ähnliche Geschmacksmuster haben wie Sie. Und das natürlich weltweit, weil Sie den australischem Shiraz ebenso verehren wie den kalifornischen Zinfandel. Kein Problem. Gehen Sie in ein Weinforum eines Online-Dienstes oder des Internets. Zuerst begegnet Ihnen natürlich das heillose Chaos (etwa ebenso, als ob Sie in einen neuen Tennisclub eintreten).

Aber Fragen werden Ihnen freundlich beantwortet und schon bald merken Sie, welcher Foren-Teilnehmer gut zu Ihnen passt und welcher nicht. Nach etwa zwei Monaten und einigen verschiedenen Foren bekommen Sie ein eigenartiges Gefühl. Sie kennen plötzlich fast alle relevanten Leute! Wir müssen uns auf der Zunge zergehen lassen, was dies bedeutet: In einem bestimmten Thema kennen sie alle relevanten Leute. Weltweit!

Bald werden Sie feststellen, dass Sie auf Dauer mit sehr wenigen dieser Leute laufend kommunizieren werden. Sie bestätigen damit die Simulationsexperimente von Informationswissenschaftlern über die Effektivität von Netzwerken. Deren Ergebnisse besagen, dass es besonders effektiv ist, in Netzwerken zu kommunizieren, wenn die Anzahl der laufenden Partner unter 10 liegt! Aber wenn diese Menschen global verteilt sind und optimal zu Ihrem Geschmacksmuster passen, ist kaum ein effektiverer Informationsaustausch denkbar!

Wohlgemerkt: Für diese Form des Kommunizierens gibt es außer der Netiquette keine Ablaufprozeduren oder Hierarchie-Ebenen. Es gibt ein Thema, engagierte Teilnehmer, Fragen und Antworten. Selbstorganisiert. Dass dies oft aus dem Ruder läuft, steht außer Frage. Wer von uns kennt dies nicht auch zur Genüge aus dem Alltag (Stichwort: Meetings)? Trotzdem habe ich selten so effizient weltweit Probleme lösen können wie über Online-Dienste und Internet: Ich weiß exakt, wo ich suchen muss, weil Online-Nutzer von passenden Themen angezogen werden. Ich muss mir keinen Ablauf überlegen, ich stelle einfach eine Frage. Und immer wieder bin ich verblüfft, wie schnell ich Antworten bekomme.

> Ich habe beispielsweise einen Monat lang auf die gewöhnliche regionale Art und Weise nach guten Übersetzern für meine Artikel gesucht, die nicht über teure Übersetzungsbüros liefen und sich an mein Vokabularium anpassen konnten. Erfolglos.
>
> Dann erinnerte ich mich an meine eigenen Lehren und stellte eine Frage danach in einem Online-Dienst und hatte meine Übersetzer *eine halbe Stunde später*, obwohl sie über den ganzen Globus verteilt sind. Dies ist eine Effektivität, die man sich im Geschäftsleben nicht entgehen lassen kann!

Wieso sind die Menschen in einem Online-Dienst jetzt eigentlich exemplarische Grenzgänger also eine Verschmelzung von Unternehmens-Mitarbeitern und Konsumenten? Wo ist die Verschmelzung? Ein gutes Beispiel dafür ist CompuServe. CompuServe ist dafür bekannt, einen sehr großen Anteil an Consumern aufzuweisen, die eigentlich als Profis im Computerbereich arbeiten.

Sie wissen also gerade in den technischen Foren nie so genau, ob Ihr Mailpartner ein Profi oder nur ein „dummer" Konsument ist. *Dies spielt auch überhaupt keine Rolle mehr!* Wichtig ist nur, ob Sie Antwort auf eine Frage geben können und wichtige Informationen beitragen. Schließlich gibt es auch dumme Profis.

Was bei den Vorläufern aus der Computerbranche schon seit vielen Jahren zu beobachten ist, setzt sich jetzt in immer mehr Bereiche durch. Profis genauso wie Anfänger finden sich zu den entsprechenden Themen in Foren oder Newsgroups ein und arbeiten zusammen. Also: Wir lernen von den Online-Diensten, dass schon seit Jahren Formen des Kommunizierens entstehen, die themenzentriert und selbstorganisiert sind, durchgeführt von engagierten Teilnehmern, denen es schon lange nicht mehr so wichtig ist, ob sie gerade beruflich oder privat tätig sind.

Der Unterschied zu den im ersten Teil des Buches geschilderten Formen des Marketing und der Produktion ist evident. Dort existiert eine deutliche Trennung der beiden Welten, die Kommunikation zwischen Unternehmen und Markt ist produktzentriert.

Techno-Tools

Ein entscheidender Teil dieser Entwicklung ist *technologiegetrieben*. Ein Profi kann nur aus dem Grunde völlig grenzenlos mit einem Privatmann/Amateur zusammenarbeiten, weil beide über eine gemeinsame Technologie verfügen. Online-Dienste wie CompuServe kümmern sich nicht um Unternehmensgrenzen, sie sehen für Angestellte genauso aus wie für Privatleute.

Das war nicht immer so: Klassische Tools wie LAN-Systeme oder Workflow sind typische *Business-Technologien*. Fernsehen, Multimedia-Computer und Chatforen sind typische *Privatlösungen*. Also waren die bisherigen Technologien trennende Faktoren für das Verhältnis von Produzent zu Kunde.

Jetzt erst können wir wohl ermessen, welche Revolution die Internet-Technologie darstellt. Die Trennung zwischen Privat und Geschäft wird durch die Technologie beseitigt. Statt mit der Mauer konfrontiert zu werden, die im Electronic Commerce in den 80ern und 90ern noch zwischen Markt und Unternehmen stand, hebt die Internet-Technologie die Grenzen endgültig auf.

Schon dadurch überschneiden sich Mitarbeiter und Kunden. Wir brauchen uns nur ihren Tagesablauf anzuschauen: *Tagsüber* schaltet er (der Angestellte) seinen PC an, öffnet einen Browser, tauscht Electronic Mail über das Internet aus und arbeitet kollaborativ in Workflowsystemen im Intranet. *Abends* schaltet er (der Kunde) seinen PC ein, öffnet einen Browser, kommuniziert mit seinen Freunden per E-Mail und verhält sich kollaborativ in Chatforen und Newsgroups.

So kommuniziert er mit Kollegen als auch mit Freunden mittels des gleichen Mediums auf die gleiche Weise. Der Browser ist universelles Zugangsmedium, das Internet die Verbindung, Softwareapplikationen gehorchen ähnlichen Gesetzen und sind auf beiden Seiten verwendbar. Der Markt und das Unternehmen vernetzen sich technologiegetrieben, eigentlich ohne dass Ihr Unternehmen viel dazu tun muss.

Kollaboratives Arbeiten

Die typische Online-Kommunikation findet ihr Spiegelbild in einer Entwicklung des Management der letzten Jahre: dem kollaborativen Arbeiten. Im Kern ist kollaboratives Arbeiten gekennzeichnet durch direkte Kommunikationswege. Sehen wir uns zum Vergleich zuerst den klassischen hierarchischen Weg an: Ein Abteilungsleiter bekommt die Idee, einen bestimmten Kunden verstärkt zu betreuen. Um ausreichend informiert zu sein, fragt er den zuständigen Salesman (der gerade beim Kunden ist).

Hat er erfahren, was er wollte, gibt er einer anderen Person Anweisungen. Diese fragt beim Abteilungsleiter etwas nach, was nur der Berater des Salesman wissen kann. Der ist wieder bei seinem Kunden. Die Arbeit ist geprägt durch Umwege, ständige Wiederholungen und Kommunikationsunterbrechung. Sie kennen vielleicht auch aus Ihrem Umfeld genug solcher Situationen. Wunderbar verstärkt werden diese Reibungseffekte noch in einem internationalen Umfeld wie globalen Account-Teams.

Im Vergleich dazu das kollaborative Modell: Die für einen Kunden zuständigen Personen arbeiten in einem fallweise zusammengestellten Team zusammen. Die Tätigkeit des Teams ist orientiert an Geschäftsprozessen. Wird das Wissen einer zusätzlichen Person benötigt, wird sie kurzzeitig in das Team integriert.

Information fließt immer direkt zu der Person, die damit etwas anfangen kann, Umwege werden weitestgehend ausgeschaltet. Dies führt natürlich zu extremen Umgewöhnungen für traditionelle Manager: Sie dürfen den Teilnehmern nicht mehr im Weg herumstehen, Mitarbeiter sind bevollmächtigt, ihren Teil des Prozesses zu überwachen.

Das Team verfügt über Tools, die den Arbeitsprozess dokumentieren und alle erstellten Informationen für weitere Verarbeitung verfügbar machen. Solche Tools bewirken neben der Transparenz vor allem eine zeitliche Entkopplung: Informationen sind zugänglich, wenn sie benötigt werden. Eine Anwesenheit der entsprechenden Person ist nicht nötig. *Virtuelle Teams* entstehen.

Kollaboratives Arbeiten in Unternehmen hat eine ganze Menge mit der Kommunikation im Internet zu tun. Die Zusammenarbeit der Menschen ist sehr fließend, situations- und themenabhängig. Online-Nutzer schalten sich in eine laufende Debatte (einen Thread) nur ein, wenn sie aktuell etwas beitragen können.

Durch die Mailbox-Datenbankorientierung des Internet ist der Zugang zu Information zeitlich entkoppelt. Die zentrale Koordination fehlt völlig. So können Entwürfe im weltweiten Team ausgetauscht werden, ohne dass sich die Personen direkt absprechen oder gar sehen. Erste Ansichten eines Produktes werden an alle verteilt, parallel bearbeitet und beurteilt.

Im Internet wurden auf diese Weise ganze Betriebssysteme programmiert (Linux) oder Graphikstandards entwickelt (VRML) und dies schneller als in normalen Unternehmen und von so hoher Qualität, dass Linux sich in Vergleichstests immer wieder als effektive Lösung erweist.

Kollaboratives Arbeiten ist im ersten Schritt eine unternehmens-*interne* Methodik. Daher werde ich dazu speziell im zweiten Buchteil auch noch einiges sagen. Im Rahmen von Innovationen wie Just-In-Time wurde aber die Notwendigkeit offensichtlich, auch Geschäftspartner wie z.B. Lieferanten in den Geschäftsprozess einzugliedern. Fehlinformationen, Doppeleingaben, kostspielige Läger waren Probleme, die es zu vermeiden galt. Die Integration unternehmensexterner Personen in den kollaborativen Arbeitsprozess des Unternehmens wurde gängige Praxis. Dies ist die Domäne des Electronic Commerce und dort wurde hervorragende Leistung erbracht.

B. Joseph Pine II vom Advanced Business Institute der IBM beschreibt die erstaunlichen Einsichten, die er gewann, als in den Entwicklungsprozess der AS/400 zum ersten Mal Kunden mit eingebunden wurden.

Er begriff, dass „Kunden nicht Teil eines amorphen, homogenen Marktes sind, sondern Menschen aus Fleisch und Blut mit wirklichen Problemen, die es zu lösen gilt – und da jedes Problem sich vom anderen unterscheidet, muss auch für jedes eine eigene Lösung gefunden werden."

Bei IBM heißt diese Art der Einbindung „frühe externe Beteiligung", eine sehr sachliche Bezeichnung für ein revolutionäres Vorgehen. Schließlich galten Kundengespräche für die Entwicklungsabteilungen als Zeitverschwendung und das Management sah seine Aufgabe in der Abschottung der Produktentwicklung nach außen.

Das kollaborative Arbeiten mit Geschäftspartnern durchbricht viele der durch klassische Produktions- und Marketingmethoden aufgebauten Mauern. Statt eine lineare Wertschöpfungskette durchzuhalten, gibt es parallele Arbeiten mit vielen Rückkopplungsschleifen über viele Unternehmen hinweg. Kollaboratives Arbeiten bewirkt eine Einstellung, Kollegen oder den Markt als eine Ressource für die eigene Arbeit zu sehen und nicht als ein Team, mit dem man notgedrungen zusammenarbeiten muss oder einen Kunden, mit dem man unglücklicherweise gestraft wurde.

Techno-Tools, die kollaboratives Arbeiten unterstützen, sind insbesondere Softwareprodukte wie Workflow- oder Groupwaresysteme. Man könnte also auch technologisch formulieren: Es sollte das Ziel sein, Internet-Technologie so zu nutzen, dass der Kunde integraler Bestandteil des Workflow wird. Kunden und Angestellte verschmelzen.

Über die Mauer

Klassische Ansätze des elektronischen Handels oder der Vernetzung zwischen Unternehmen machen die Gesamtstruktur effektiver und schneller, aber gleichzeitig zementieren sie diese und bauen vor allem hohe Mauern gegenüber dem Markt der Endkonsumenten. Der Markt wird ausgesperrt und die einzigen Informationen, die über die Mauer gelangen, sind durch Kommunikationsunterbrechung gekennzeichnet: Abverkaufszahlen und Panel-Marktforschung.

Im Bereich der Geschäftspartner (also im Bereich der Investitionsgüter auch dem Markt gegenüber) wird bereits damit begonnen, Externe in den eigenen Workflow zu integrieren. Wie aber überschreiten wir die Mauer und erreichen den Massenmarkt, den Markt der Endkunden am Ende der Wertschöpfungskette, der ja im Kern die ganze Kette ernährt?

Ich habe die Kräfte schon beschrieben, die seit einiger Zeit an der Unternehmens-Mauer klopfen, wie die Mauerspechte 1989 an der Berliner Mauer. Technologie wirkt als Gleichmacher. Internet-Technologie bewirkt, dass Konsumenten und Produzenten, Angestellte und Privatleute über die gleichen Technologien verfügen und sie auf gleiche Weise einsetzen.

Zum anderen sind die klassischen Produktions- und Marketingmethoden ins Wanken gekommen. Viele Unternehmen arbeiten
weltweit an der Entwicklung von Geschäftsmodellen, die es Kunden
ermöglichen, ihre Produkte selber zu erschaffen. Die neuen Kreativen im Wirtschaftsleben sind Produzenten und Konsumenten in
einer Person.

Jetzt ist es an der Zeit, die schon selbständig angelaufene Entwicklung der Online-Kommunikation für das eigene Unternehmen zu
nutzen, die Mechanismen des digitalen Zeitalters bewusst einzusetzen. Betreiben Sie nicht nur Electronic Commerce, werden Sie
bestimmender Mittelpunkt des Sogs der neuen Medien!

Lassen Sie uns jetzt betrachten, welche neuen Ansätze es im Bauchladen der digitalen Anbieter gibt, dem Markt nahe zu kommen.
Schaffen wir etwas Klarheit in der Welt der Portals und Communities, Cyber-Malls und Shopsysteme. Stellen wir für jeden Ansatz die
Frage, wie sehr er die neuen Entwicklungen für Ihr Unternehmen
nutzen kann.

Die neuen Prozesse zum Markt

Elektronische Marktplätze – Die Cyber-Ghost-
Towns

Wieder einmal eine Modeerscheinung in Zeiten der digitalen Unsicherheit: Elektronische Marktplätze, Cybermalls oder wie auch
immer das Phänomen bezeichnet wird, schießen wie Pilze aus dem
virtuellen Boden. Konferenzen werden veranstaltet, Zeitungspapier
gefüllt und auf Messen die tausendste Standardlösung dafür angeboten.

Elektronische Marktplätze und ihre Synonyme werden von 3D-Software-Produzenten mit flehenden Augen als Killerapplikation stilisiert und sind beliebtes Einstiegsvehikel für Regionalfürsten auf den Infofeldweg. Jedem Dorf seinen Regionalinformationsdienst mit integriertem Marktplatz für Schreiner und Metzger.

Das System? Im modernsten Fall wird eine kleine dreidimensionale Stadt ins Internet gestellt. Jeder der will, kann einen Laden mieten und sich (so der regionale Ansatz) billig den herbeiströmenden digitalen Massen präsentieren. Gemeinsames Merkmal aller dieser Lösungen: Der Platz oder Raum ist von *einer* Person oder *einer* Gruppe vorgegeben und auf deren Zielsetzungen beschränkt. Daher konnte ich in so vielen Diskussionsgruppen Leute treffen, die auf der Suche nach Sponsoren für ihre jeweilige Version vom ultimaten Marktplatz waren. Bezahlen müssen andere.

Die Ideologie dahinter? Von Seiten der Promotoren wird wie folgt argumentiert: Das Interesse der großen Masse liegt im wesentlichen in der eigenen Region. Daher liegt der Umsatz eher auf einem vorgefertigten kleinen Marktplatz, als im Chaos des Internet. Außerdem benötige der Surfer in diesem Chaos eben Anlaufpunkte, die Ordnung für ihn schaffen. Wie der Surfer allerdings das Chaos aus Hunderttausenden von Marktplätzen durchdringen soll, wird nicht dazu gesagt.

Meiner Wahrnehmung nach steckt hinter dem elektronischen Marktplatz der alte Wunsch nach Kontrolle. Statt das wirkliche, schnelle, internationale Spiel zu spielen (was Kunden schon lange tun) will man seinen beschaulichen, eigens erbauten Marktplatz im Internet abbilden.

Das Tragische ist nur, dass ich als Surfer/Kunde überhaupt keinen Grund habe, auf einem solchen Marktplatz einzukehren! Es ist gerade ein Vorteil für mich, dass Internet-Angebote *nicht* auf das regionale Umfeld begrenzt sind. Meine Buchbestellungen in den USA über das Internet funktionieren schon seit einigen Jahren schneller als über die Buchhandlung in der Innenstadt (Anfahrt herausgerechnet). Und als Beratung steht mir die komplette Potenz des ganzen Netzes zur Verfügung. Wieso sollte ich denn einen bestimmten Marktplatz aufsuchen und nicht den nebendran? Wenn ich zu einem bestimmten Unternehmen möchte, finde ich es auch so. Wenn ich es nicht kenne, dann finde ich es auch nicht auf dem tausendsten elektronischen Marktplatz. Und wenn ich mich auf der Welt so umsehe und mir überlege, ein wie großer Teil der von mir benutzten Produkte und Informationen internationaler Natur sind, dann bin ich heilfroh, dass es nicht nur meine Region gibt!

Völlig vergessen wird bei dem vermeintlichen Goldrausch, dass die Attraktorwirkung eines solchen Marktplatzes nicht existiert. Wir können das an historischen Vorbildern sehen: Klassische Städte entstanden entweder um Fürstenhäuser, die durch ihre Hofhaltung und militärische Aktivitäten Kaufleute und Handwerker anzogen, oder an Schnittpunkten von Handelswegen, wobei der Marktplatz eben die kürzeste geographische Entfernung zwischen interessanten Orten war. Genau dies aber ist im Internet nicht gegeben: Die geographische Entfernung ist völlig gleichgültig. Mir liegt die Kölner Innenstadt digital *nicht* näher als Timbuktu.

Das Schicksal der Killerapplikationen ist deutlich vorherzusehen: Bald werden jede Menge an kalten, dunklen, verlassenen Cyber-Ghosttowns in den Netzen der Welt stehen, über deren verlassene Marktplätze der Wind aus Bytes streicht! Wieso verwenden wir nicht die Stärken des Netzes, um dieses deprimierende Schicksal abzuwenden?

Jeder schimpft darüber, dass Sex das Internet beherrscht. Abgesehen davon, dass sich das Internet darin auch nicht von einem durchschnittlichen Zeitungskiosk unterscheidet, könnte man daraus etwas lernen. Die Attraktoren im Internet sind *Themen* nicht Plätze! Sex ist ein sogenanntes supraleitendes Thema, also ein Thema, das Menschen aller Zeiten existentiell interessiert. Ein Thema wie Geld, Tod oder Golfspielen. Aktivitäten im Netz, die einen Raum zum Kommunizieren über ein Thema geben, sind besonders erfolgreich. Z.B. die klassische Allegra-Homepage mit dem supraleitenden Thema Liebe.

Besonders beliebt sind auch Informationen zu alten heidnischen oder okkulten Riten!

Aber auch weniger heiße Themen sind Attraktoren: Ein Internetauftritt, in dem alles geregelt werden kann, was zum Autokauf gehört, ist sicherlich ein interessantes Thema, insbesondere wenn es darin einen Chatroom oder eine Newsgroup gibt, in dem sich die Surfer über Vor- und Nachteile von bestimmten Autos und Versicherungen unterhalten können: Surfer´s Warentest.

Vielleicht müssen wir uns als Unternehmen nur daran erinnern, dass wir Themen und Träume verkaufen, dass wir unseren Käufern Dinge geben, die für ihr Leben Bedeutung haben, um im Netz wirklich bahnbrechende Erfolge zu haben. Wie aber nutzen wir als Unternehmer jetzt diese Erkenntnis zur Entwicklung neuer Kundenbeziehungen. Sollten wir eine Community gründen, wie manche Gurus es verkünden?

Die Virtuelle Community

Schon früh wurden von einigen Pionieren des Internets die Communities als ordnende Kraft der digitalen Welt stilisiert. Und das sicherlich nicht zu Unrecht.

Eine Community ist eigentlich jede dauerhafte Ansammlung von Surfern im Internet, die sich zu einem bestimmten Thema austauscht.

Foren und Newsgroups sind z.B. solche Communities. Wie geschildert, vereinen sie sehr viel Kompetenz zu bestimmten Themen und sind der ideale Einstiegspunkt, wenn man dazu Informationen benötigt.

Sie sind aber auch mehr als das, denn wer sich viel in Communities bewegt hat, nimmt sie auch als richtige Gemeinschaften wahr. Sie sind immer zugänglich, informell und trotzdem kennt man sich nach einigen Monaten Mitgliedschaft. Hier bekommt man Ratschläge von Leuten, die nicht Verkäufer sind, sondern selber Erfahrungen mit den

Dingen haben, die einen auch selber beschäftigen. Man durchforstet nicht gigantische Datenbanken, um Auskünfte dann doch nicht zu bekommen, man geht stattdessen in eine Community und nur die Leute äußern sich, die zu diesem Thema schon etwas zu sagen haben. So gesehen sind die Communities das ideale Modell für kollaboratives Arbeiten in Unternehmen.

Inwiefern stellen Communities einen neuen Weg zum Markt dar? Nun, zum einen, weil sie einen sehr präzisen Ausschnitt des Marktes repräsentieren. Und zwar den *richtigen* Markt, mit allen seinen vielfältigen, individuellen Ausprägungen. Sie merken sehr genau, bei welchen Dingen Einigkeit besteht und bei welchen Dingen ein sehr gespaltenes Meinungsbild bleibt. Mit Communities zusammenzuarbeiten, die unternehmenswichtige Themen betreffen, ist in jedem Fall schon einmal eine gute Idee.

Ein anderer Punkt ist, dass Communities eine deutliche Bedrohung in der Vermarktung des Unternehmens darstellen. Schließlich erfährt jeder potenzielle Interessent hier ungeschönt die Erfahrung aller bisherigen Benutzer eines Produktes oder einer Dienstleistung. Die Community kann Preisinformationen weitergeben (wodurch die amerikanischen Autohändler gerade in die Knie gehen) oder direkt selber die Distribution übernehmen (wodurch die Musikindustrie im Moment vor dem MP3- Phänomen zittert). Die großen Communities verändern durch ihren Einfluss die Spielregeln und es ist wichtig, sie genau zu beobachten.

Ihre Mitarbeiter sollten Mitglieder in den für ihr Arbeitsgebiet relevanten Communities sein, sonst können sie auf Dauer in ihrem jeweiligen Fachgebiet nicht mehr auf dem neuesten Stand sein!

Ein Vorschlag im Zusammenhang mit Communities muss noch erwähnt werden. Das ist die Idee, eine Community als Unternehmen selber zu begründen, um über alle Vorteile dieser Informationsvielfalt zu verfügen. Als Idee nicht schlecht, aber in der Umsetzung schwierig. Schließlich sind Communities ja gerade unternehmensübergreifend und ausschließlich nur einem Thema und den Interessen ihrer Mitglieder verpflichtet.

Einige Internet-Pionierunternehmen haben sicherlich eine Community mitbegründet. Sie waren früh am Markt und haben bestimmte Themen völlig besetzt (Beispiele: Amazon oder E-Bay). Aber auch diese bekommen mit der Zeit erhebliche Konkurrenz. Die Solidarität einer Community gehört nicht einzelnen Unternehmen.

Es ist eher die Kunst, die Gründung von Communities innerhalb und außerhalb von Unternehmen zu begünstigen und sich sehr eng damit zu vernetzten, um immer die besten Informationen und Ideen zu haben. Ich werde an späterer Stelle im zweiten Buchteil dazu einige Ideen beschreiben.

Heutzutage wird der Begriff der Community sehr inflationär verwendet. Jede Werbeseite, die mehrere tausendmal am Tag angeklickt wird, ist da schon eine Community. Lassen Sie sich davon nicht täuschen. Hinter diesem Label steckt eine bestimmte Motivation, wie wir gleich sehen werden.

Themen und Portals

Eine Motivation, die viele Anstrengungen im digitalen Marketing treibt, ist die Aussicht auf Werbeeinnahmen. Das im vorherigen Kapitel erwähnte Label Community wird oft dafür verwendet. Eine Internetseite mit einer Community soll bei Ihnen als Unternehmen den Eindruck erwecken, dass Sie dort viele Menschen auf einmal erreichen. Also müssen Sie genau dort Werbung schalten und erfreuen damit die Werbeverkäufer der Page, die Ihnen etwas von Community erzählt haben.

Aber das ist die alte Marketing-Denke. Schließlich ist so nicht garantiert, dass Sie die richtigen Leute mit Ihrem Werbebutton erreichen oder dass die gerade Lust zum Klicken haben. Selbst wenn Ihnen Werbeleute völlig präzise Klick-Through-Rates und ähnliche Dinge berechnen, nutzen Sie so keine Community, sondern betreiben Broadcasting. Werbebuttons und Broadcasting sind legitime Werbemittel im Internet, ohne Zweifel. Aber sie bieten keinen absolut neuartigen Zugang zum Markt, der Informationen für das Unternehmen aus dem Markt aufsaugt und realtime in kundennahe Produkte und Dienstleistungen umformt. E-Engineering muss noch etwas weiter gehen.

Völlig auf die Spitze getrieben ist die Werbeverkaufsmasche mit dem Begriff des *Internet-Portals*. Inhaber der zugriffsstärksten Internetseiten (wie Netscape, Yahoo oder Microsoft) hatten plötzlich die Erkenntnis, dass sie eine Unmenge Geld verdienen könnten, indem sie ihre Seiten als Eintrittspforten des Internet vermarkten. Die Argumentation ist wie folgt: Da der größte Teil der Surfer zuerst auf die Portal-Seiten schaut, wenn sie das Internet betreten, können Unternehmen ungeheuer viele Kontakte bekommen, wenn Sie genau auf dieser Seite Werbung schalten. Also tauften sich diese Seiten plötzlich Portals und verdienten (selbst-erfüllende-Prophezeiung) viel Geld mit Werbeeinnahmen. Die Börse honorierte das mit steigenden Kurswerten der Portal-Unternehmen und eine gigantische Aufkaufwelle setzte ein, als Portale begannen, sich gegenseitig zu kaufen ...

Aber im Kern war das Portal-Konzept schon falsch, bevor es begonnen hatte, ein Konzept zu werden. Was nutzt Ihnen eine Million Hits auf der Yahoo-Seite, wenn Sie einen Rolls Royce verkaufen wollen? Welcher der von Luft und Programmieren lebenden Studenten unter diesen Millionen soll dabei Ihr Kunde sein?

Das Internet gruppiert sich ganz bestimmt *nicht* um Portale. Das Internet organisiert sich über *Themen*. Aktuelle Forschungsgruppen zum Thema Suchmaschinen bestätigen dies. Dort versucht man, Suchmaschinen so aufzubauen, dass sie stärker erkennen, was der Zusammenhang zwischen den Informationen im Netz ist, statt wie bisher einfach eine Volltextrecherche zu machen. Dabei zeigt sich das folgende Bild, wenn man die Internet- Verknüpfungen (Links) betrachtet (wobei ich in der Tradition von Picasso ein paar Milliarden Links auf einige Striche reduziere):

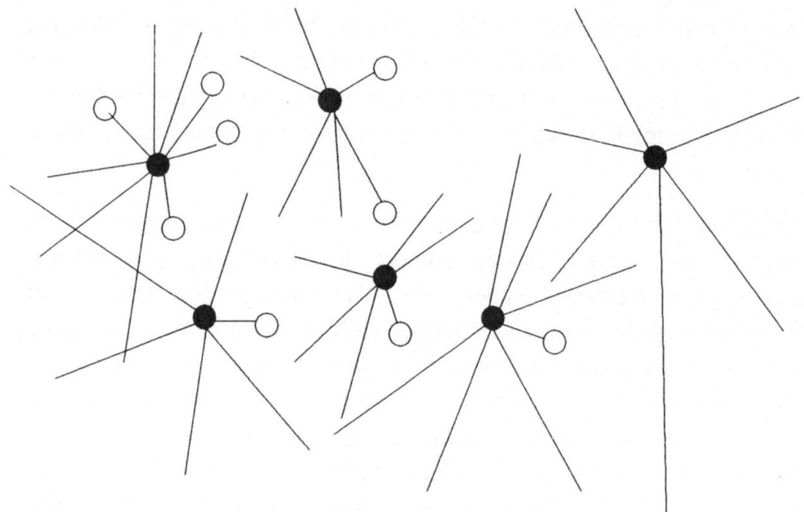

Abb. 15: Internet-Links bündeln sich an Communities

Die Links des Internets bündeln sich deutlich messbar zu Knoten, an denen viele Verweise zusammenlaufen. Sie repräsentieren anerkannte und vertraute Seiten/Quellen zu bestimmten Themen und sind sehr oft Communities. Von diesen Quellen aus gehen die Verweise auf Seiten, die zu diesen Themen Informationen bieten.

Genau an diesen Stellen müssen Sie auf die Suche gehen! Ein Portal ist viel zu abstrakt und überstrahlt alle diese Knotenpunkte. Wenn Sie einen Rolls Royce verkaufen wollen, dann müssen Sie den Knoten finden, wo die anerkannte Quelle für luxuriöse Autos sitzt!

Nieder mit den Mauern

Ansätze, die wirklich versuchen, Kunden (auch Endkunden!) in die Unternehmensprozesse zu integrieren, heißen Intracommerce (später auch von anderen Autoren als Integrated Commerce bezeichnet). Die

Story des Intracommerce beginnt in den Vorbereitungsphasen zur Computermesse Systems'96 in München, wo ich für ein deutsches Telekommunikations-Unternehmen einen Vortrag über die Zukunft der Onlinewelt halten sollte.

Vor der Messe konnte man schon an den Mitteilungen der Medien erkennen, dass trotz des Booms der Internetdienste die digitalen Medien in eine kritische Situation gekommen waren: der Hype schien abzuflauen, *konkrete Konzepte und Anwendungen* wurden von verwirrten Unternehmen nachgefragt. Es wurde vehement über Begriffe wie Internet, Intranet, Extranet und Electronic Commerce diskutiert. Im Kern aber wurden alte Konzepte aufgewärmt und Technologie-Produkte umgetauft, was die Verwirrung nur verstärkte.

Ein Datenbankanbieter wollte dem Besucher natürlich nach wie vor Datenbanken verkaufen, ein Netzwerkhersteller Netzwerke. Dadurch wurden die wesentlichen Fragen nicht beantwortet, eigentlich die fundamentalen Fragen eines jeden Geschäftsmanns:

„Wie bekomme ich Kontakt zu meinem Kunden?" oder *„Wie mache ich es möglich, meinem Kunden soviel Mehrwert zu bieten, dass er mein Kunde wird oder bleibt?"*.

Solche Fragen blieben im Gewirr von TCP/IP, PGP und HTML unbeantwortet. Ich konnte es kaum fassen: Schließlich hatten die Technologieprovider phantastische Tools entwickelt, um Geschäftsprozesse zu revolutionieren. Aber es fehlte das Konzept, um Unternehmen zum konsequenten Einsatz dieser Technologie zu motivieren!

Wir spürten, dass wir die Unternehmen dazu auffordern mussten, die Mauern zum Markt einzureißen und Internet-Technolgie dazu zu nutzen, den Kunden wirklich zu einem Teil des eigenen Unternehmens zu machen! Nicht nur, den Kunden gelegentlich einmal nach seiner Meinung zu fragen (was für den Top-Berater Tom Peters in den 80er Jahren schon als revolutionär galt), sondern ihn tatsächlich in das eigene Netz zu integrieren, ihn mitarbeiten zu lassen, ihn quasi zum neuen Angestellten zu ernennen. Ein Angestellter, der selbstverständlich einiges über die Bedürfnisse des Kunden weiß.

Moderne Entwicklungen wie Mass-Customization und Intranet-/ Internet-Technologie machten es eigentlich möglich, eine solche Vorstellung zu realisieren und zwar direkt, noch vor der Jahrtausendwende. Also wurde eine Methode entwickelt, bei der Unternehmensprozesse mit den Kunden vernetzt werden: *Intracommerce.* Intracommerce bedeutet, sein Unternehmen so aufzubauen, dass der Markt zu einem Teil des Unternehmens wird. Intracommerce ist das endgültige Drehen des Pfeils. Der Kunde wird nicht nur gefragt, er wird fest in die Prozesse des Unternehmens integriert!

Der Online-Nutzer macht das Bollwerk durchlässig. Wir hatten gesehen, dass die Nutzer von Internet und Onlinediensten schon seit einiger Zeit beginnen, auf beiden Seiten zu sitzen und die gleiche Technologie zu benutzen, egal ob als Angestellter oder als Kunde. Die Idee, Intranet und Internet zu trennen, ist daher illusionär, wenn auch als Übergang leichter zu handhaben.

Abb. 16: Nieder mit der Mauer- Kunde und Unternehmen vernetzt

Das Unternehmen wird offener und für seine Kunden transparent. Von Produktentwicklungen erfährt man nicht erst durch die Werbung, sondern direkt, weil man mit entwickelt. Die Kommunikationsstruktur wird teamorientierter, eine neue kreative Kombination aus kollaborativem Arbeiten und Internetkommunikation. Die historisch entstandene Steuerungs- und Kontrollfunktion des Unternehmensmanagements verliert immer mehr an Bedeutung. Wie verhält sich denn dann das Intranet des eigenen Unternehmens zum Internet und den sich darin entwickelnden Marktprozessen? Die Antwort kann nur heißen: sehr offen! Ich weiß, dass dies eine unbeliebte Auffassung ist. Deswegen wurde der Kunstbegriff Intranet ja überhaupt erfunden, er befriedigt das Sicherheitsbedürfnis der Unternehmen. Es klingt danach, als könne man hinter verschlossenen Mauern noch ein bisschen üben. Bei niedergerissenen Mauern und einem transparenten Unternehmen ist es aber überflüssig, von Grenzen zu sprechen. Das Zauberwort heißt *Zugang*.

Was ist ein Zugang? Nun, salopp als erster Einstieg definiert, ist ein Zugang jede Möglichkeit, bei der ehemaliger Kunde und ehemaliger Angestellter direkt zusammenarbeiten. Jedes Tor, was in der Mauer für den Kunden geöffnet wird, ist ein Zugang. Wer ein Intranet implementiert, kann nicht wirklich erwarten, noch länger Grenzen zu ziehen. Er muss sie durch Beziehungen zum Kunden, durch Zugänge ersetzen. Anders kann sich ein Intranet nicht gegenüber dem Internet verhalten. Denn Online-Nutzer stehen auf beiden Seiten und ignorieren Drinnen oder Draußen.

Die Zehn Gebote des Intracommerce

1. Betrachten Sie den Markt als Ressource!
2. Lassen Sie für das Unternehmen wichtige Information produzieren!
3. Schaffen Sie Zugänge!
4. Lernen Sie Ihren Kunden kennen – individuell!
5. Integrieren Sie alle Ihre Kommunikationskanäle!
6. Fördern Sie Selbstorganisation!
7. Werden Sie Attraktor für Ihr Thema!
8. Speichern Sie Wissen!
9. Stellen Sie den Kunden Tools zur Verfügung!
10. Produzieren Sie nur das Gewünschte!

Schaffen Sie Zugänge!

Was sind Beispiele für Zugänge? Ein Zugang ist zum Beispiel ein Platz in Ihrem Unternehmensnetz, wo eigene Mitarbeiter *und* Freiwillige aus dem Markt gemeinsam an Produktlösungen feilen. Zugang nennt sich das deswegen, weil sie als Unternehmen die Möglichkeit erzeugen, dass Menschen von innerhalb und außerhalb des Unternehmens miteinander an Ihren Business-Problemen arbeiten. Wie früher die Verwaltung einer Stadt große Eingangstore in die Stadtmauern einbaute und Marktplätze errichtete, geben Sie Raum und Gelegenheit, *damit Ihre Kunden zu Ihnen kommen*!

Eine Karikatur, die auf einer ähnlichen Idee basierte, begleitete schon vor einigen Jahren einen Artikel von Regis McKenna in der Harvard Business Review: Wir sehen ein Unternehmen, das seine Tür öffnet, viele Kunden stürzen hinein und folgen dem Gang entlang dem Pfeil „Marketing-Department, hier lang!". Auf einem weiteren Bild sitzen die ehemaligen Kunden am Fließband des Unternehmens und werkeln fröhlich vor sich hin. Weitere Beispiele für Zugänge sind Online-Events oder ein Response-Management, bei dem Marktteilnehmer *Ihr* Response-Management erledigen!

Sie meinen, so brave Kunden gäbe es nicht? Die würden ganz bestimmt nicht Ihre Arbeit machen? Doch, die gibt es! Jörg Herms, Werbe- und Marketingchef des deutschen Magazins Stern hatte damit wohl auch nicht gerechnet, als er ein Internet-Spiel organisierte, bei dem Surfer aus dem Netz eine neue Stern-Anzeigen-Kampagne gestalten sollten. Eine Woche nach dem Start hatte er schon fast 200 Vorschläge zur Verfügung! Wenn Sie in letzter Zeit mit Werbeagenturen zu tun hatten, wissen Sie, wie kurz dieser Zeitraum ist. Um so erstaunlicher ist es, dass diese Leistung kostenlos erbracht wurde, im Gegensatz zu den horrenden Billings der Werbeszene.

Solche Events werden heute dann oft zum Gewinnspiel herabgewürdigt, was den Online-Nutzer wieder zum dummen Kunden außerhalb der Mauern des Unternehmens degradiert. Wir sind eben zu stark von Jahrzehnten konventionellen Marketings verblendet!

Intracommerce wäre eine Aktion wie die des Stern, wenn die Ergebnisse tatsächlich als Kampagnen, Produkte o.ä. verwendet würden! Wir sollten erkennen, dass die Mitarbeit des Kunden kein Gewinnspiel ist, sondern eine gewaltige Ressource, die uns Millionen an Entwicklungsaufwand, Marktforschung und Werbung spart!

Die Anzahl der Zugänge in das Unternehmen bestimmt den Einfluss im Internet, und eben nicht, wie groß das Netz im Netz ist. Sie können 30 000 Seiten Unternehmenspages im Internet aufweisen, wenn es von ihrer Page aus keinen wirklichen Weg zurück in ihr Unternehmen gibt, keinen Zugang, dann ist dies eine reine Plakatwand.

Schauen wir uns zum Unterschied eine klassische (wenn auch selbst in Werberkreisen umstrittene) Werbekampagne von vor einigen Jahren an: Die Werbung von Benetton, die auf großformatigen Plakaten Soldatenfriedhöfe, AIDS-Kranke und sich paarende Pferde zeigt. Die Plakate sollen anscheinend selber erklären, wofür sie da sind. Diskussionen finden nicht statt. Es existiert kein Forum zum Austausch und kein irgendwie geartetes, damit verbundenes Verhalten des Unternehmens.

Vieles lässt diese Kampagne daher als sehr fraglich erscheinen: Beim Betrachter drängt sich die Idee auf, dass das Unternehmen diese Betroffenheit nicht ernst meinen kann, wenn die Plakatwand wirklich alles ist. Wichtig auch in unserem Zusammenhang: Es wird keine für das Unternehmen Benetton wichtige Information erzeugt. Benetton weiß danach nicht, was es für seine Kunden tun kann. Diese Kampagne ist eine Plakatwand und *kein Zugang*. Benetton würde die Welt eher verbessern, wenn das Unternehmen mit einem echten Zugang (z.B. Diskussionsforen) klären würde, mit welcher Mode es das Leben ihrer Kunden verbessern kann.

Ebenso hat eine Plakatwand in Form von einigen tausend Seiten Unternehmensdarstellung im Internet ohne echten Zugang seinen Zweck verfehlt. Sie haben auf diese Art und Weise die Ressource des Marktes und die Dynamik des Netzes nicht genutzt.

Wenn Sie aber eine Weile darüber nachdenken, was es bedeutet, die Kunden als Ressource zu sehen, als ein Teil Ihres Unternehmens, eine Art externer und kompetenter Berater, dann fallen Ihnen sicherlich viele Zugänge ein.

Potentielle Zugänge erkennen

- Was sind bisherige Kommunikationskanäle (Briefe, PR-Abteilung, Bestellvorgang, WWW-Seite, Werbespots, Jahresbericht, EDI usw.)?
- Wie betrachten Sie deren Effektivität?
- Gibt es widersprüchliche Signale über diese Kanäle?
- Was müssten Ihre Mitarbeiter wissen, was sie über die derzeitigen Kanäle nicht erfahren?
- Wo wollten Sie schon immer mal Arbeit abgenommen bekommen?
- Was tun Menschen im Kern mit Ihrem Produkt/Ihrer Dienstleistung?
- In welchen Bereichen kommen Kunden nicht an Sie heran?

Die Fortführung der Evolution

Das Unternehmen als Attraktor

Wir haben unsere Übersicht der neuen digitalen Ansätze wie Communities, Portals und Intracommerce abgeschlossen. Jetzt folgt das E-Engineering. Es gilt zu überlegen, wie die bisherige Evolution von Produktion und Marketing sinnvoll und auf heutige Verhältnisse angepasst weitergeführt werden kann. Darauf können wir dann die zukünftigen neuen Kundenprozesse z.B. Ihres Unternehmens aufsetzen.

Ein Kernpunkt der bisherigen Überlegungen ist, dass die Vernetzung mit dem Kunden zunehmen muss, dass im extremsten Fall der

Kunde/der Markt als Ressource ein Teil des eigenen Unternehmens wird. Soll der Markt ein Teil des Unternehmens werden, muss es für Kunden *anziehend* sein. Erinnern wir uns: Plätze im Internet oder in Online-Diensten sind dann anziehend, wenn sie die ideale Anlaufstelle für ein *Thema* sind. Knotenpunkte. Anerkannte Stellen für höchste Informationsdichte. Die Zugänge eines Unternehmens müssen so stark Kompetenz für ein Thema ausstrahlen, dass Kunden und andere Surfer förmlich hineingezogen werden. Unternehmen müssen zu einem *Attraktor* werden!

Ein Attraktor ist ein kreatives System, das so strukturiert ist, dass es Talent und Wissen anzieht, gleichzeitig Regeln und Lösungen entwickelt, die es verbreitet.

Ich habe in anderen Publikationen Orte wie das Silicon Valley oder Hollywood als solche Attraktoren beschrieben, aber auch bestimmte kreative Entwicklungsteams in Unternehmen. Es sind Orte, die geniale Köpfe anziehen, die Wall Street zur Investition motivieren und ihre speziellen Ideen, Lösungen und Lebensformen mit ihren Produkten wie Film oder PC über die Welt verbreiten. Je mehr sich die Produkte verbreiten, desto stärker wird die Anziehungskraft auf Talent und Ressourcen.

Im Internetbereich ist die Anfangsphase des Unternehmens Netscape ein ideales Beispiel für einen Attraktor. Netscape nutzte in seiner Anfangsphase die Mechanik des Netzes auf ideale Weise, um den eigenen Einfluss zu erhöhen.

Die Tatsache, dass das neue universelle Zugangstool des Browsers kostenlos zum Download bei Netscape zur Verfügung stand, brachte Millionen von Menschen direkt zu Netscape. Sie nahmen den Browser mit und schufen Hunderttausende von Internetseiten sowie besondere, auf den Browser gestützte Anwendungen und Weiterentwicklungen.

Die Hunderttausende von erstellten Seiten erhöhten die Anziehungskraft des Internet nur noch weiter, worauf noch mehr

Browser downgeloaded wurden, noch mehr über Netscape berichtet wurde, noch mehr Ressourcen zur Verfügung standen.

Ein solches attraktives Unternehmen der Zukunft wird eine völlig andere Form von Markenartikel vertreten, als wir es heute aus der Waschmittelwerbung gewöhnt sind. Die Kundenbindung an ein solches Unternehmen wird durch das hochintegrierte Netz aus Markt, Unternehmen und Geschäftspartnern ermöglicht, durch Real-Time-Marketing, wie Regis McKenna es nennt: *Die Fähigkeit des Unternehmens, sofort auf den Markt reagieren zu können.* Die Kundenbindung wird unendlich, wenn der Markt ein Teil Ihres Unternehmens wird.

Mit Ideen aus dem Intracommerce-Ansatz können wir die im ersten Teil des Buches beschriebene Evolution des Marketing endlich fortführen! Von Broadcasting über One-to-One zum Intracommerce, also vom Kunden als unbekanntem, abgetrenntem Wesen, über den (vermeintlichen) Partner hin zum Einbinden des Kunden in das Unternehmen und dessen Prozesse. Auf dem Weg werden wir auch einige Versprechungen des Direktmarketing endlich erfüllen können!

Intracommerce-Ideen im Marketing bedeuten, die bisher existierende Kommunikationsunterbrechung aufzuheben. Erinnern wir uns: In der Wertschöpfungskette gibt es bisher zwei Stellen, an denen die Kommunikation zwischen Unternehmen und Kunden stark gefiltert wird:

- Die *erste Bruchstelle* liegt in dem fehlenden Wissen des Unternehmens über den Markt. Klassische Antworten darauf sind Marktstudien mit darin enthaltenen statistischen Auswertungen. Eine ausgesuchte Gruppe von Kunden (Panel) wird anhand eines strikten Fragenkatalogs zu ihren Wünschen befragt. Die Ergebnisse werden statistisch gebündelt und sind Input für die Produktentwicklung und -vermarktung.

- Die *zweite Bruchstelle* entsteht, wenn das Unternehmen seine entwickelten Produkte verkaufen will und dabei potentiellen Kunden klarmachen muss, dass diese Produkte existieren und begehrenswert sind.

Neuere Ansätze wie der Intracommerce nehmen dazu eine andere Sicht ein. Eine Marketing-Maßnahme in diesem Sinne wäre es, den Markt direkt zu integrieren und Marktforschung und Werbung entschieden herunterzufahren. Ich habe schon gesagt, dass z.B. Kunden ihre Produkte in Zukunft selber gestalten. Dies ist eine Möglichkeit der Integration. Sie bekommen die Bedürfnisse ihrer Kunden direkt mitgeteilt, indem Sie ihnen Raum im Unternehmen geben, um Produkte und Dienstleistungen genau nach ihren Wünschen zu entwerfen. Sie haben keinen Umweg mehr über die Marktforschung, das Bedürfnis wird direkt in ein Produkt umgewandelt. Schon hier erkennen Sie, dass Marketing viel stärker als bisher in Unternehmensprozesse wie die Produktion integriert werden muss.

Marketing ist nicht einfach eine weitere Abteilung, die eben Werbebroschüren drucken lässt. Marketing in diesem Sinne konstruiert die Zugänge für Kunden und stellt Tools zur Verfügung, die es dem Markt ermöglichen, exakt die gewünschten Produkte und Dienstleistungen zu erhalten. Es entwickelt sich zu einem permanenten Kommunikationsprozess mit einem stark vernetzten Kunden.

Es ist leicht einzusehen, dass durch ein solches Vorgehen auch die zweite Kommunikationsunterbrechung überbrückt wird. Wenn ein Kunde das Produkt selber gestaltet hat, weiß er, dass es existiert, und er weiß auch, dass es genau seinen Anforderungen entspricht. Kundenloyalität wird so durch Einbeziehung in den Designprozess erzielt. Wird das Produkt dann schließlich verkauft, verbreitet es sich schneller im Markt, die *time to acceptance*, wie Regis McKenna es nennt, ist kleiner, denn was hat ein Unternehmen von *time to market*, also dem schnellen Entwickeln und Lancieren eines Produktes, wenn es dann niemand kauft?

Die IBM vermutet, dass es Teil des Erfolges des Systems AS/400 war, dass Kunden daran mit entwickelt haben. Diese Kunden sorgten bei der Markteinführung für ein hohes Echo in der Presse. Sie hatten das Produkt zu ihrer Sache gemacht.

Die Produktgestaltung muss nicht in jedem Fall eine wirkliche sein, also direkt zu realen Produkten führen. Als erster Schritt gerade bei jungen Zielgruppen sind Unternehmensplanspiele ideal, in denen die potentiellen Kunden sich selber an Produktgestaltung u.ä. versuchen. Wenn sie als Textilunternehmen und Designhaus ein „Planspiel" einrichten, bei dem ihre Zielgruppe Ihnen real-time zeigt, wie sie trendy Mode wünschen, dann ist diese Information allemal besser als Ihre Überlegungen von letztem Jahr zur diesjährigen Kollektion.

Es gibt noch eine zweite bedeutende Möglichkeit, Kunden in das Unternehmen einzubeziehen: als eine Art Think-Tank. Wir kennen ähnliche Ideen bereits aus dem Eventmarketing. Bloß, dass der Think-Tank in unserem Fall der Markt selber ist, der bei uns im Unternehmen sitzt! In diesem Fall etabliert das Unternehmen einen Raum, in dem jeder zu einem bestimmten Thema alles nötige findet: Informationen, Austauschmöglichkeiten, Ressourcenangaben.

Klingt abstrakt, ist aber ganz anschaulich: Stellen Sie sich vor, Sie seien Hersteller von HiFi-Anlagen. Können Sie sich vorstellen, wie schön es wäre, wenn ihre potentiellen Kunden Sie als die ultimative Quelle für Musiktechnologie empfinden würden! Wie werden Sie das? Nein, Sie stellen dafür *keine* Unternehmenshomepage in das WWW. Sie werden Attraktor, indem sie eine Plattform im Internet etablieren, zu der jeder kommt, der sich für Musiktechnologie interessiert (wie solche Plattformen aufgebaut sind, erfahren Sie im nächsten Kapitel). Jeder, der nicht täglich auf Ihrer Seite ist, kann zum entsprechenden Thema in Zukunft nicht up-to-date sein.

Auf dieser Plattform diskutieren die Teilnehmer hauptsächlich *untereinander*. Sie geben sich Tipps, reden darüber, was sie gerne hätten, was sie hassen und basteln abgefahrene Designs für HiFi-Gehäuse. Sie als Unternehmen haben kaum etwas zu tun als *gut zuzuhören*. Die Menschen kommen zu Ihnen und Sie erfahren ihre genauen Bedürfnisse!

Erste Ansätze zu solchen Plattformen gab es z.B. bei Mercedes mit dem „Forum für das neue Automobil" im Internet, einem geschlossenen Dienst. Mercedes-Vertriebsvorstand Dieter Zetsche möchte die „Anwender als Co-Produzenten für neue Produkte und Projekte gewinnen."

Ein solcher Think-Tank nutzt eine der hervorstechenden Eigenschaften der Internetkommunikation: die Themenorientierung. Surfer interessieren sich für Themen, nicht für Unternehmen. Sie reden über die schon erwähnten supraleitenden Themen wie Liebe, Tod und Geld. Wer ein solches Thema vertritt oder die Möglichkeit zum Austausch darüber gibt, wird im Netz besonders anziehend.

Alle skizzierten Marketing-Lösungen haben einiges gemeinsam. In fast jedem Fall tritt das Unternehmen stark in den Hintergrund, ganz im Gegensatz zu bisweilen ziemlich penetranter Werbung. Es wird Surfern eine Plattform zur Verfügung gestellt, in der sie sich austauschen können, in der sie den Netzgesetzen entsprechend kollaborativ miteinander arbeiten oder spielen.

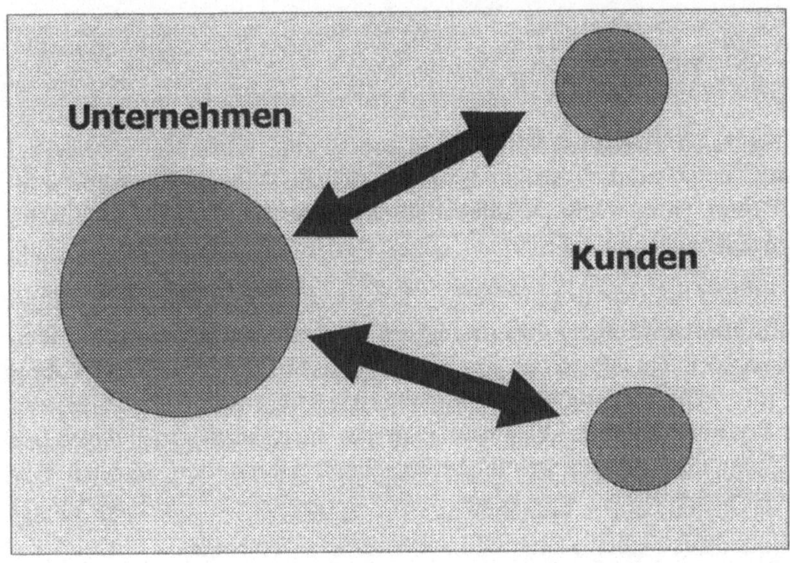

Abb. 17: Kunden kommunizieren nur über das Unternehmen

Die Mitwirkung des Unternehmens ist in diesem Rahmen auf das Festsetzen der grundsätzlichen Spielregeln beschränkt, höchstens einige Scouts informieren sich beständig darüber, was an Informationen entsteht. Die *Kommunikation zwischen Teilnehmern* ist der fundamentale Antrieb.

Dies ist mittlerweile sogar mit Zahlen belegbar. So schreibt *Business Week*, dass der Traffic auf einer Website im Schnitt um 50 Prozent steigt, wenn sie eine Möglichkeit zum Chat anbietet. Chat erhöht die Verweildauer der Surfer auf der Seite und . . . steigert die durchschnittlichen Kaufraten pro Person!

Sollte es Sie also weiterhin wundern, dass ich die Kommunikation *zwischen* Kunden und das Erstellen von Plattformen dafür als Kern der neuen Vorgehensweise ansehe? Hier genau liegt auch der Unterschied zum One-to-One-Marketing. One-to-One behandelt als Kerninhalt das *Verhältnis des Unternehmens zu einzelnen Kunden*.

Was dabei nur indirekt zum Tragen kommt, ist die *Kommunikation der Kunden untereinander*, von der die Kommunikation mit dem Unternehmen nur ein Teil ist. Dieses Vorgehen erhöht den Responsebedarf und damit den Aufwand des Unternehmens beträchtlich.

Schon im Event-Marketing wird aber gerade diese Kommunikation der Kunden untereinander genutzt. Verschiedene Konsumenten, die Techno hören, Inline-Skater fahren, Streetball spielen o.ä. bilden jeweils einen „Tribe".

Fröhlich gibt es dort die Early Adopters, also Experimentierfreudige, die alles sofort ausprobieren und als erste den Suggestionen der Werbung erliegen. Early Adopters sind dann Meinungsmacher für ihren Tribe. Das Unternehmen redet eigentlich nur mit Early Adoptern. Diese übernehmen dann den Rest der Kommunikation. Die Kommunikation der Kunden untereinander zu nutzen, reduziert den Responsebedarf des Unternehmens. Ein tragfähiges, zukünftiges Modell muss diese beiden Kommunikationsformen verbinden.

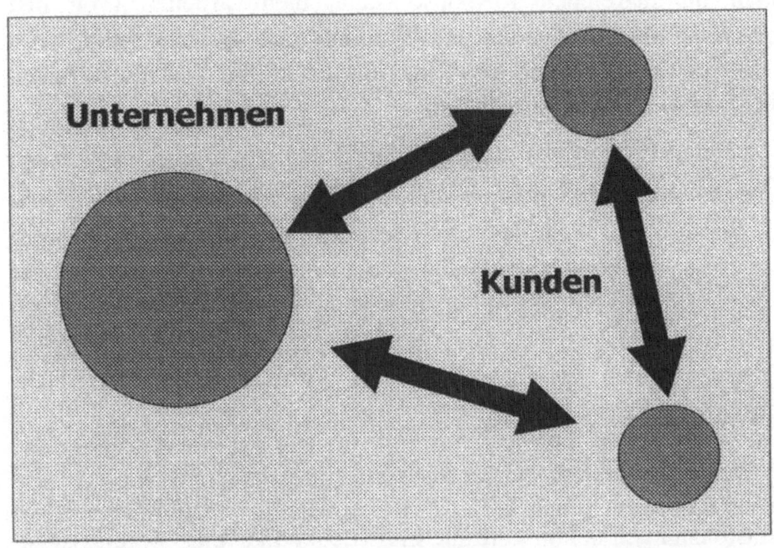

Bild Nr. 18: Kundenkommunikation untereinander

Die Kommunikation der Kunden untereinander bildet den Kern. Dort liegt die Quelle für Marktentwicklungen und neue Ideen, aber auch ein Großteil der Entscheidungsfindung unserer zukünftigen Käufer.

Auch der amerikanische Online-Guru Jim Sterne von Target Marketing bezeichnet die Kommunikation von Kunde zu Kunde als herausragende Eigenschaft der Internetkommunikation. Moderierte Diskussionsforen sind für ihn ein erster Schritt zu starker Kundenbindung. In Netzwerken wie dem Internet funktioniert die Kommunikation der Online-Nutzer im wesentlichen selbstorganisiert, vorausgesetzt, Sie haben die richtigen Spielregeln festgesetzt. *Selbstorganisation* ist einer der entscheidenden, ökonomischen Vorteile: Sie spart im Vergleich zu bisherigen Lösungen erhebliche Betreuungs- und Marketingkosten.

Müssen Sie in der klassischen Situation mit einem Call-Center und einem umfangreichen Response-Management arbeiten (von den Kosten für Marktforschung und Werbung ganz zu schweigen), wird in der von uns beschriebenen Situation der größte Teil dieser Arbeit von Kunden selbständig erledigt.

Durch diese Zusammenarbeit der Surfer lösen sich auch viele Probleme, die Unternehmen bei ersten Marketingauftritten im WWW hatten. So sagen z.B. Studien von Tech Consult, daß die Hälfte der Menschen, die nicht über Onlinemedien einkaufen wollen, dies auf fehlende fachkundige Beratung zurückführen. Eine andere Studie von Yankelovich Partners Inc. sagt sogar, dass 63 Prozent aller Befragten überhaupt nichts im Internet kaufen würden, wenn nicht mehr menschliche Interaktion im Netz stattfindet.

Was aber könnte man sich für eine bessere fachkundige Beratung vorstellen als andere Nutzer im Netz, die mit den Produkten und Dienstleistungen schon vertraut sind (Lebendige Case-Studies sozusagen)? Das Unternehmen muss nicht Bataillone von Beratern und Verkäufern beschäftigen, wenn Kunden im Netz diese Aufgabe übernehmen.

Ich kann mir Ihren Einwand durchaus vorstellen: „Nutzer im Netz könnten aber auch die negative Seite meiner Produkte aufdecken!" Natürlich werden sie das tun, und das ist gut so! Spätestens an diesem Punkt müsste klar sein, was ich mit dem Markt als Ressource meine. Schließlich ist es besser, Sie erfahren die Mängel rechtzeitig durch Feedback, als das Gegenteil: Sie erfahren es nie und verkaufen eben kein Produkt. Schließlich reden Menschen auch außerhalb von Online-Diensten miteinander.

Daher schreibt auch die *Business Week*, dass solche Kommunikationsplattformen im Internet die Ur-Ideen des Electronic Commerce ganz erheblich verändern werden. Surfer werden in Zukunft von den Orten angezogen, an denen sie Informationen über viele Produkte und Hersteller bekommen. Wenn eine Seite von GM nichts tut, außer

Autos von GM zu verkaufen, werden die Online-Nutzer woanders nachfragen. Und die „Wahrheit" erfahren.

Aber mir ist klar, dass diese ungeschminkte Wahrheit manchen Managern Bauchschmerzen bereitet und sie deswegen lieber keine Rückkanäle einbauen und versuchen, die Kommunikation der Kunden einzudämmen. Die Wahrheit kommt in Internet-Zeiten ohnehin ans Licht. Dafür sorgen die Communities.

> Unternehmen wie *Consumer Intelligence* oder *amiro.de* gründen Communities, in denen Erfahrungsberichte von Verbrauchern gehandelt werden. Schlechte Erfahrungen finden begierige Leser.

Event-Profi Thomas Inden findet es schade, dass Unternehmen heute noch Angst vor der Meinung von Kunden oder Händlern haben. Er rät, Instrumentarien in den Event einzubauen, mit dem die Zielgruppe ihre Meinung artikulieren kann. Leider ist es eher üblich, Kommunikation einseitig zu gestalten, also einfach das neue Produkt zu präsentieren, ein Vorgehen, was schon in jeder gewöhnlichen Pressekonferenz mit Journalisten unmöglich ist.

Marketing im Intracommerce bedeutet, die Deckung zu öffnen und mit der Kommunikation der Kunden untereinander gezielt zu arbeiten.

Zusammenfassend können wir sagen: Wir benötigen eine Art Think-Tank, in dem unser Markt seine eigenen Bedürfnisse klärt und uns permanent Ideen liefert, sowie eine Möglichkeit für Kunden, ihre eigenen Produkte und Dienstleistungen zu entwerfen. Letzteres hat natürlich erhebliche Anforderungen an die Produktion des Unternehmens zur Folge, worüber ich später einiges sagen werde.

Um die beschriebenen Ansätze als Unternehmen strukturiert einführen zu können, habe ich zusammen mit Thorsten Kempken die Grundlagen für Kommunikationsplattformen erarbeitet, die als Basis einer Internet-Marketing-Aktivität im Sinne des Intracommerce dienen können.

Eine gut gestaltete Kommunikationsplattform im Internet vereint Attraktorwirkung, Themenzentrierung und Think-Tank und ist damit ein universelles Tool für Marketing im Netzwerk. Wir wollen uns im Folgenden anschauen, was eine solche Kommunikationsplattform genau auszeichnet.

Kommunikationsplattformen

Kommunikationsplattformen im Internet sollten

- auf den neuesten Erkenntnissen der Kommunikationswissenschaft beruhen und

- den aus praktischer Erfahrung gewonnenen Gesetzen des Internet und anderer digitaler Medien gehorchen.

Ich werde also hier Best-Practices betreiben, indem ich die Prinzipien für effektive Plattformen zusammenfasse, die man aus den besten Internetauftritten, genialen Newsgroups aber auch aus populären Gameshows ableiten kann. Gute Plattformen sollten meiner Auffassung nach so konzipiert sein, dass sie die Intracommerce-Anforderungen erfüllen: Sie sollen eine ideale Schnittstelle zum Markt bilden. Was ist also eine Plattform im Internet?

Plattform bedeutet, dass ein virtueller Raum zur Verfügung gestellt wird, der zur Kommunikation der Besucher untereinander und mit dem Unternehmen einlädt.

Solche Räume kann man sich einige vorstellen. Dies beginnt mit simplen Newsgroups oder Chat-Räumen und endet mit einer vollanimierten 3D-Welt mit animierten menschlichen Figuren, den Avataren. Die Plattform ist die Bühne, der Rahmen für Kommunikation. Bei der Kommunikationsplattform wird also nicht eine künstliche Community durch die Datenbank erzeugt (wie im One-to-One), das Unternehmen stellt einen „wirklichen" Raum in das Internet, um Menschen Gelegenheit zu geben, sich virtuell zu treffen und über ein

100

für sie faszinierendes Thema Wissen, Meinungen oder Erfahrungen auszutauschen.

Wir hatten ja schon oft in diesem Buch gesehen, dass gemeinsame Themen die wirklich anziehenden Dinge für Online-Nutzer im Internet sind. Die Wahl des Themas ist dabei besonders wichtig. Es ist so ausgewählt, dass die auf der Plattform mit der Zeit entstehenden Informationen geeignet sind, aktuelle Probleme oder Fragestellungen des Unternehmens zu lösen.

Sind Sie ein Automobilkonzern und benötigen dringend Designinput und das Feedback der jüngeren Zielgruppe auf neue Entwicklungen? Wählen Sie ein entsprechendes Thema und testen Sie Designs auf einer Plattform! Sind Sie Fernsehproduzent und benötigen dringend neue Talente? Erzeugen Sie eine Bühne im Internet und lassen Sie direkt Ihre Zielgruppe auswählen, was ihr gefällt! Eine solche Anwendung wird im nächsten Kapitel als Case-Study beschrieben.

Das Unternehmen bringt also Surfer dazu, auf die Plattform zu kommen, um gemeinsam die Probleme des Unternehmens zu lösen. Die Wahl des Themas ist deshalb so entscheidend, weil genau an diesem Punkt die Schnittstelle in das Unternehmen liegt, der Zugang. Hier genau findet sich der neue Weg in den Markt und das sogar mit einem Rückkanal, weil die erzielten Ergebnisse direkt in das Unternehmen einfließen.

Ein wesentliches Element der Plattformen ist es, die *Selbstinszenierung* der Besucher herauszufordern, also die Lust, sich zu präsentieren und produzieren. Wie bei einer Gameshow wird dadurch der größte Teil der Arbeit vom Teilnehmer selbst durchgeführt.

Besucher müssen selber Input mitbringen können (wie Designvorschläge beim Automobilproduzent oder Medienpro-duktionen beim Fernsehproduzenten). Tools müssen zur Verfügung stehen, um gemeinsam Ideen zu entwickeln, Pläne, Entwürfe etc. zu konkretisieren. *Content*, die geheiligte Kuh der Medien, wird auf den Plattformen durch die Surfer erzeugt. Erste Formen von Internet-Plattformen wie *GeoCities* zeigen dieses extrem wirtschaftliche

Prinzip. „Wir haben nur 55 Mitarbeiter, aber 500 000 Editoren" sagt David Bohnett, der Begründer von GeoCities. Oder, noch radikaler: „Menschen sind der Content", wie es ein Vice-President von SONY formuliert.

Alle diese Konstruktionsprinzipien bewirken, dass auf einer effektiven Kommunikationsplattform eine Umgebung erzeugt wird, in der ein Unternehmen optimale Bedingung vorfindet, um mit strategischen Zielen zusammenhängende Marktkommunikation durchzuführen. Es ist wie mit dem Aufbau eines Aquariums: Es macht einen Unterschied, ob Sie Guppys oder Korallenriff-Bewohner züchten wollen. Temperatur, Wasserzusammensetzung und die richtige Kombination von Bewohnern sind entscheidend. Ebenso hängt es von den Zielen Ihrer Plattform ab, wie sie im Detail konstruiert ist. Aber eine gut konzipierte Kommunikationsplattform entwickelt genau die Umgebung, in der die für Sie relevanten Informationen wachsen und gedeihen. Was sind die entscheidenden Zutaten? Wie werden sie optimal eingesetzt?

Aus dem Thema heraus wird zuerst der *Kommunikationsrahmen* gebildet, also der Rahmen, in dem sich die Kommunikation der Besucher abspielt. Ein solcher Kommunikationsrahmen besteht sowohl aus dem wirklichen Raum, aber auch aus Spielregeln und Benutzertipps, nach denen sich die Kommunikation richtet. Spiele sind ein gutes Beispiel für Kommunikationsrahmen: Wenn Sie Fußball spielen wollen, benötigen Sie ein Fußballstadion, einen Ball und eine festgesetzte Anzahl Menschen. Was die zu tun haben und was nicht und mit welchem Ziel, ist in den Spielregeln genau festgelegt. Sollte jemand mit einem Golfschläger zu Ihnen kommen, ist er im falschen Kommunikationsrahmen. Ort, Ziel und Spielregeln bestimmen den Kommunikationsrahmen.

Das erwähnte Beispiel einer Talentsuche auf der Kommunikationsplattform bildet einen Kommunikationsrahmen: Das Thema ist Musik, das ökonomische Unternehmensziel Talentsuche, der Raum ist z.B. ein Musikclub und organisatorische Regeln (wie wird gemeinsam Musik produziert, wer spielt wann vor usw.) klären den

Ablauf. Eine Gameshow ist ein weiterer typischer Kommunikationsrahmen, in dem sich Leute selbst inszenieren können.

Einige Plattformen arbeiten sogar mit mehreren Kommunikationsrahmen gleichzeitig. So wird ein Kommunikationsrahmen dazu verwendet, hohe Besucherzahlen zu erzeugen und einen Attraktor im Netz zu entwickeln, ein zweiter nutzt diesen ersten Kommunikationsrahmen, um durch die hohe Frequenz die eigentliche Zielgruppe anzulocken.

Dieses auf den ersten Blick komplizierte Vorgehen ist eigentlich jedem schon bekannt, der einmal die Universal-Studio-Tour besucht hat oder einen Warner-Brothers-Park. Da gibt es einen Kommunikationsrahmen, nämlich die Filme, die Figuren und die Kulissen. Gleichzeitig ziehen diese Parks aber ihren Reiz daraus, daß sie auch einen „Making of"-Kommunikationsrahmen haben, also Orte, wo den Besuchern gezeigt wird, wie diese Filme eigentlich produziert werden.

Paradebeispiel für eine Lockvogel-Plattform sind Online-Events, also Massenveranstaltungen, die sehr den gut etablierten gängigen Marketing-Events entsprechen. Besonders geeignet sind dafür Musikveranstaltungen oder klassische supraleitende Themen.

In der im nächsten Kapitel folgenden Case-Study dient z.B. ein Musik-Event als Anziehungspunkt für hohe Besucherzahlen. Auf diesen Event wird als zweiter Kommunikationsrahmen ein Informationsservice zum Thema Eventmarketing aufgesetzt. Der zweite Kommunikationsrahmen bildet die Brücke zum Unternehmensprozess unseres Kunden. Denn dieser Kunde produziert Life-Events wie Produktpräsentationen und Unternehmensfestivitäten. Ich hatte gesagt, dass ein Kommunikationsrahmen aus einem Ort, einem Ziel (dem Thema) und Spielregeln besteht. Spielregeln dienen jetzt dazu, die Kommunikationsplattform über längere Zeit auf Kurs zu halten.

Ausgeklügelte Methoden erlauben die Steuerung dieser Plattform mit minimalem Aufwand. Mittels *Selektion* und *Spiegelung* (Begriffe, die weiter unten noch genauer erklärt werden) bleibt die Plattform auf das gewünschte Thema zentriert und entgleitet nicht in Chaos oder Beliebigkeit. Dadurch wird die Furcht der Unternehmen, dass Chat im Internet anarchische Züge annimmt, eingedämmt. Schließlich gibt es auch beim Fußball einen Schiedsrichter.

Zufriedene Besucher sorgen dafür, dass sich der Ruf der Plattform im Internet verbreitet und immer mehr Surfer einströmen. Auch dieses Prinzip ist uns schon bekannt: Wir hatten die Early Adopters im Eventmarketing geschildert, die als erste auf Neuerungen reagieren und dann viele andere Menschen mitziehen.

Also zusammenfassend:

Eine Kommunikationsplattform ist ein virtueller Raum, in dem Besucher nach bestimmten Spielregeln themenzentriert kommunizieren und Ideen entwickeln und damit für das Unternehmen strategisch wichtige Information erzeugen.

Schauen wir uns doch im nächsten Kapitel erst einmal eine konkrete Kommunikationsplattform an, um das Zusammenspiel der verschiedenen Elemente zu verstehen.

Case-Study: Attraktor für Event-Marketing

Unser (fiktiver) Kunde in der Case-Study hat einige, wirklich brandaktuelle, ökonomische Probleme. Er ist Veranstalter von Marketing-Events, also z.B. Hundertjahrfeiern von Unternehmen, Neueinführungen von Produkten usw. Für solche Events organisiert er die Musiker, die Location, das Essen und das komplette Projektmanagement. Er verdient an der Organisation und an der Vermietung der Musiker. Kein Wunder, dass er nebenbei eine Künstleragentur betreibt. Zugriff auf Produktionstechnik und Showtalent ist gegeben, da er gute Kontakte zu einem großen Produzenten von Gameshows hat!

Wo also ist das Problem? Der Vertrieb ist sehr aufwendig! Schließlich muss unser Eventveranstalter von jedem potenziellen Fest einer

Firma vorher wissen! Die Firma wird es ihm direkt nicht sagen, wann sie ein neues Produkt dem Markt präsentieren will. Also muss er gute Kontakte im Markt haben, die Ohren immer offen haben und permanent per Auto das Land durchreisen. Nicht besonders effektiv, meint er. Dies müsse doch mit digitalen Medien einfacher gehen! Wenn ihn mehr relevante Leute kennen und seinen Namen mit Events verbinden würden, würden sie auf ihn zukommen und er könnte viel leichter und effektiver akquirieren.

Dem Mann kann geholfen werden! Mit einer Kommunikationsplattform, nämlich dem „Attraktor für Eventmarketing". Wie gehen wir an diese Aufgabe heran? Zuerst wird die Frage geklärt, wen unser Eventmanager erreichen muss. Seine Ansprechpartner sitzen normalerweise in Marketing- oder PR-Abteilungen, gelegentlich sind es auch Assistenten im Vorstandsbereich. Dort werden die Firmenfeste beschlossen und organisiert. Also muss er es schaffen, genau diese Leute zu sich zu locken.

Womit kann man Marketingleute ködern? Klar, mit jeder Sache, die anziehend ist für große Massen! An jeder Stelle, an der viele Menschen zusammenkommen, treten früher oder später auch Marketingmenschen auf, die überlegen, wie sie die große Menge für ihre Aufgaben nutzen können. Sei es die Love Parade in Berlin oder seien es die Olympischen Spiele: Masse lockt Marketing.

Schritt 1: Einen Köder in das Internet setzen!

Um große Besucherzahlen im Internet zu erzeugen, sind einige supraleitende Themen ideal geeignet: Games, Musik, Mode usw. Wir haben für unseren Köder die Musik gewählt, weil unser Eventmanager selber als Künstleragentur dazu einen klaren Bezug hat. Also konstruieren wir einen Musikevent, bei dem professionelle Musiker mittels moderner Datenbanktechnik gemeinsam Stücke produzieren können, die dann in einer 3D-Welt einem Publikum aus Avataren gezeigt wird.

Diese Musik-Plattform hat für alle Beteiligte Vorteile (was es von einer reinen Werbeveranstaltung unterscheidet): Musiker können ihre

Talente ideal weltweit ergänzen und kollaborativ produzieren. Besucher des 3D-Konzerts können viel Spaß im Publikum haben und direkt Feedback geben. Plattenlabels, die an der Veranstaltung teilnehmen, testen auf diese Weise direkt, ob die Musik vom Publikum angenommen wird.

Und unser Eventveranstalter kann als kleines Bonbon nebenbei auf dieser Köder-Plattform nach Talenten Ausschau halten, die er für seine nächsten realen Events einsetzt. Wird ein solcher Online-Musik-Event von Zehntausenden von Surfern besucht, kann man sich sicher sein, dass er in jeder der führenden Marketingzeitschriften erwähnt wird. Schließlich suchen Marketingleute im Moment sehr gezielt nach funktionierenden Dingen im Internet. Also finden sich auch langsam die gewünschten Ansprechpartner unseres Eventveranstalters ein. Jetzt müssen sie gefangen werden.

Schritt 2: Eine Kommunikationsplattform für die Zielgruppe aufsetzen!

Jeden Marketingmenschen wird interessieren, wie man Zehntausende von Menschen anlocken konnte. Also werden wir eine Plattform errichten, auf denen Interessierten erklärt wird, wie man einen Online-Event aufbaut. Diese Interessierten bekommen einen User-Account für die Kommunikationsplattform, wenn sie Name, Anschrift und Funktion eingeben, die in einer Datenbank abgelegt werden (wodurch unser Eventveranstalter ganz nebenbei die Adressen seiner zukünftigen Ansprechpartner bekommt).

Auf dieser Plattform trifft sich bald alles, was sich für Events interessiert oder solche benötigt, denn hier erfährt man, wie es wirklich geht. Es gibt Organisationstipps, eine Event-Uni und Diskussionsforen. Sie bemerken sicher die geschilderten Eigenschaften einer Kommunikationsplattform wie z.B. die Themenorientierungen: Teilnehmer tauschen sich über ein gemeinsames Thema aus, haben praktischen Nutzen davon und ziehen andere nach, die sich auch dafür interessieren.

Der Eventveranstalter hat mehrfachen Nutzen: Er wird landesweit als kompetente Figur im Eventgeschäft bekannt, er ist derjenige, den man fragt wie es geht. Er bekommt völlig ohne sein Zutun alle nötigen Adressen. Und ist es nicht naheliegend, dass ihn seine Ansprechpartner nicht auch sehr bald nach einem realen Event fragen werden?

Wir sehen einige der Vorteile einer effektiven Kommunikationsplattform in praktischer Anwendung: Sie erfüllt die Aufgaben eines Werbefeldzugs ebenso wie die des Vertriebs, ist preiswert und automatisierbar und versorgt ihren Betreiber permanent mit Anregungen aus dem für ihn relevanten Markt. Ohne dass er sich aus seinem Unternehmen hinaus bewegt!

Konstruktionsprinzipien

Eine Kommunikationsplattform weist grundsätzlich gewisse Grundprinzipien auf. Fehlen einzelne dieser Grundprinzipien, ist es eben keine Kommunikationsplattform und es besteht die Gefahr, dass das Instrument viel von seiner Wirksamkeit einbüßt. Die wichtigsten will ich hier in Kürze behandeln.

Kommunikationsrahmen

Eine der großen Gefahren im Informationswust der digitalen Welt ist es, dass sich unsere Plattform im Rauschen verliert, über irgendein Thema diskutiert wird, Teilnehmer auf den Plattformen angefeindet werden, die Marketingausgaben also dafür getätigt werden, um Beliebigkeit zu finanzieren.

Auch die Business Week schreibt, dass viele Firmen Angst vor der mangelnden Kontrolle auf solchen Plattformen im Internet haben. Es könnte möglicherweise ein „feindlicher" Ort sein, oder nur zielloses, belangloses Geschwätz erzeugen. Da diese Besorgnis real ist, sind festgesetzte Spielregeln und klarer Themenbezug ein wesentliches Konstruktionsprinzip eines Kommunikationsrahmens.

Ich hatte Kommunikationsrahmen kurz schon in vorhergehenden Kapiteln beschrieben: Kommunikationsrahmen legen ein klares Thema fest. Auf unserer Eventmarketing-Plattform sprechen die Teilnehmer über die Produktion von Events, etwas extrem Wichtiges für Menschen im Eventmarketing. Dieser Kommunikationsrahmen legt aber auch einen ganz speziellen *Ort* fest.

Ebenso wie ein Fußballstadion einen Ort zum Fußballspielen anbietet, muss der Ort im Internet in Bezug auf viele Dinge an das Thema angepasst sein. Schließlich gibt es viele Möglichkeiten: Foren, Newsgroups, Mailing-Listen usw. sind traditionelle Methoden, die für einen Kommunikationsrahmen aber oft nicht klar genug organisiert sind.

Ein Kommunikationsrahmen hat klare ökonomische *Ziele*. So dient die Plattform für Eventmarketing dazu, unserem Eventveranstalter eine klare Position im Markt zu sichern, und dies auf eine Weise, die auch dem Markt nützt. Ein Kommunikationsrahmen muss klare *Ablaufprozeduren* aufweisen, die Sie als Betreiber klar herausstellen sollten. Wer in der realen Welt an einer Gameshow teilnimmt, bekommt vorher ganz exakt geschildert, wo er sich hinstellen soll und in welcher Reihenfolge er welche Begriffe raten soll.

Im Umfeld der digitalen Medien ist das sehr wichtig und gerade im Internet oft sträflich vernachlässigt. Dem Teilnehmer muss exakt klar sein, welche Tools er benötigt, um sich auf die Plattform zu begeben und wie er es dort anstellt, auf angenehme Art und Weise zu agieren. Viele 3D-Chat-Communities sind deswegen so langweilig, weil die Besucher einfach mal vorbeikommen, nicht wissen, wie sie den Einstieg bekommen sollen und daher einfach herumstehen.

Letztes Element des Kommunikationsrahmens: die *Regeln*. Schließlich wird der schon erwähnte Spieler, der mit dem Golfschläger auf den Fußballplatz rennt, auch sofort des Feldes verwiesen. Stellen Sie die Spielregeln auf, die es ermöglichen, dass Ihre Kommunikationsplattform ein faszinierender Platz wird und bleibt. Und scheuen Sie sich nicht davor, Teilnehmer von der Plattform auszuschließen, die sich nicht an die Spielregeln halten!

Attraktor/Inkubator

Viele von uns haben es schon am eigenen Leibe erfahren: Dinge sind nicht deswegen interessant, nur weil sie im Internet stehen. Daher gibt es Tausende von ungelesenen Seiten im Internet. Eine effektive Kommunikationsplattform muss also gewisse Eigenschaften haben, die es ihr ermöglichen, wirklich zu zünden und zu wachsen.

Um zu beschreiben, wie so etwas funktioniert, verwende ich Erkenntnisse aus der Kreativitätsforschung. Dort ist die wichtige Frage, wie kreative Unternehmen oder Regionen entstehen. Wie wir im Kapitel über das Unternehmen als Attraktor bereits angedeutet haben, gibt es bestimmte Strukturen, die besonders mitreißende Unternehmen oder Regionen aufweisen, einen Hollywood-Faktor sozusagen. Wir verwenden diese Methoden, indem wir sagen, dass eine Kommunikationsplattform einen „Attraktor" und einen „Inkubator" aufweisen muss.

Beginnen wir mit dem *Inkubator*. In der ursprünglichen Verwendung des Wortes ist ein Inkubator eine Art Think Tank, also ein Ort, wo in Abgeschlossenheit neue Ansätze und Ideen entwickelt werden. Das Entwicklungsteam des Macintosh bei Apple war ein solcher Inkubator, ebenso wie das schwarze Ghetto in Chicago während der 20er Jahre. In einem Inkubator werden Ansätze entwickelt, die mit den bisherigen Regeln brechen und Lösungsmöglichkeiten bereitstellen, die sehr überraschend auf die Umwelt wirken können.

Auf einer Kommunikationsplattform werden Tools installiert, durch die Besucher miteinander neue Lösungen entwickeln können. So sitzen die Musiker unserer Case-Study in einem gemeinsamen Raum, können über eine Datenbank ihre Talente abgleichen und neue bisher ungehörte Kombinationen testen.

Ebenso können Teilnehmer auf der Kommunikationsplattform eines Automobilkonzerns neue Autos designen. Ein geschickt konstruierter Inkubator auf der Plattform bewirkt, dass Lösungen entstehen, die sowohl für das Unternehmen als auch für andere Besucher interessant sind.

Ein *Attraktor* entsteht, wenn sich neue Lösungen und Strukturen herumsprechen und beginnen, Talent anzuziehen. Als Chicago in den 20er Jahren zur Jazzmetropole aufstieg, strömten immer mehr Musiker und Komponisten in die Stadt. Radio und Schallplattenindustrie sorgten dafür, dass die neuen Lösungen (die Jazzmusik) weltweit verbreitet wurden, was die Anziehungskraft der Metropole noch verstärkte.

Auch eine Kommunikations-Plattform wird durch immer stärker einströmendes Talent immer attraktiver. Schon auf einer Plattform aktive Online-Nutzer werden zu Werbern für diese Plattform. Sie tragen die Informationen in Newsgroups, auf ihre Homepages und zu den Freunden, mit denen sie sich abends zum Bier treffen. Eine gut konstruierte Kommunikationsplattform wächst aus sich heraus.

Spiegelung/Selektion

Um den Fokus einer Kommunikationsplattform zu halten und dadurch stetiges Wachstum zu generieren, werden Methoden aus der Online-Moderation angewandt, die unter anderen Bezeichnungen schon aus der Theorie der Evolution bekannt sind: eine gute Idee vermehrt sich, eine schlechte wird ausselektiert. In der Evolution ist die Beurteilung einer neuen Mutation (einer neuen „Idee") an der jeweiligen Umwelt orientiert, auf einer Kommunikationsplattform ist es das jeweilige Unternehmensziel.

Eine gute Idee (also z.B. eine Musikproduktion, die im Musik-Event enthusiastische Publikumsreaktionen erhielt) wird von den Betreibern der Kommunikationsplattform immer wieder in den Event hinein gespiegelt. Im Falle des Musik-Events kann man z.B. mehrere Neuaufführungen organisieren oder das Stück in viele themenverwandte Homepages und Newsgroups einbringen. Durch die Spiegelung verstärkt sich eine bestimmte Richtung auf der Kommunikationsplattform, ein größerer Teil der Kreativität der Teilnehmer beschäftigt sich mit den besten Lösungen.

Das Gegenteil der Spiegelung ist die Selektion. Nicht zufriedenstellende Lösungen, Endlos-Diskussionen oder langweilige Lieder sollten aus dem Event selektiert werden. Stellen Sie sich doch einmal die Fußball-Bundesliga ohne Auf- und Abstieg von Mannschaften vor. Wo bliebe die Spannung und die Energie? Kommunikationsplattformen sollen aber spannend sein, also sorgen Sie für Selektion!

Gedächtnis

Stellen Sie sich eine Reihe von Arbeitstreffen in ihrer Firma vor, bei denen keiner etwas aufschreiben darf! Oder ergötzen Sie sich einmal an dem Gedanken, Sie übernehmen einen großen Kunden, mit dem das Unternehmen seit zehn Jahren Geschäfte macht und es existieren keinerlei Unterlagen. Was tun Sie? Eben: Sie fangen von vorne an.

Eine Grundvoraussetzung für kollaboratives Arbeiten in jeglicher Form ist es, Arbeitsergebnisse und Erfahrungen speichern zu können. Sonst gibt es keinerlei Weiterentwicklung, sondern nur permanente Neuanfänge. So auch bei einer Kommunikationsplattform, auf der Zehntausende von Menschen kollaborativ arbeiten.

Die Kommunikationsplattform muss ein *Gedächtnis* in Form einer Datenbank besitzen, die es Teilnehmern ermöglicht, eine Historie und Tradition zu generieren. Dieses Gedächtnis gibt Zugriff auf bisherige Arbeitsergebnisse und Ideen, die damit bereitstehen für eine ständige Neukombination. Das Gedächtnis schafft ein Gefühl von Zugehörigkeit, den Eindruck, etwas beizutragen und aus reichhaltiger Erfahrung schöpfen zu können.

Schon Peppers/Rogers haben geschrieben, dass ein Gedächtnis des Systems für ein Funktionieren des langfristigen Kundendialogs fundamental ist. Eine Datenbank müsste speichern, welche Interaktionen es zwischen dem Kunden und dem Unternehmen schon gegeben hat. Nur so ist ein gemeinsames Lernen möglich.

Für Peppers/Rogers schaltet das Unternehmen mit solch einem System die Konkurrenz aus. Ein Kunde, der sich einmal der Mühe unterzogen hat, einem Unternehmen alles über seine Bedürfnisse klar zu machen, wird es viel zu mühsam finden, zu einem anderen Unternehmen zu wechseln und dort von vorne zu beginnen! Das „Learning Relationship" ist also ein Mittel, sich von der Konkurrenz zu differenzieren!

Die Kommunikationsplattform fasst diesen Begriff des Gedächtnisses noch weiter. Ein Attraktor muss die Möglichkeit besitzen, *Geschichte* zu erzeugen, also einen Speicher, der Interaktionen, Erlebnisse und Ergebnisse der Teilnehmer aufnehmen kann, um sie jederzeit abzurufen und neu zu kombinieren. Diese Geschichte erzeugt eine Community, die sich immer wieder auf der Plattform einfindet, ein beständiger Ressourcenstrom für das Unternehmen.

Hollywood wäre nie Hollywood geworden, ohne seine eigenen Mythen und permanenten Neukombinationen der Elemente. Eine Kommunikationsplattform stiftet Geschichte, vermittelt den Teilnehmern das Gefühl der Zugehörigkeit und stellt das bisher Erreichte als Material zur neuen Kombination zur Verfügung.

Wie macht die Plattform das? Eine Kommunikationsplattform muss auf eine sehr elegante Version einer Datenbank gestützt sein, die es den Nutzern auf leichte Art ermöglicht, Beiträge einzuspeisen und bisherige Produkte oder Ideen abzufragen, um mit ihnen weiterzuarbeiten.

Wir kennen erste Ansätze aus den Workflow-Systemen der Unternehmen, in denen ein großer Datenpool alle Vorgänge und Arbeitsergebnisse speichert und den Projektbeteiligten zur Verfügung stellt. Ebenso vertraut sind uns Newsgroups oder Foren aus Online-Diensten, die es dem Besucher ermöglichen, Nachrichten einzustellen und alte Nachrichten oder Artikel abzufragen. Die Technik ist noch sehr rudimentär und weit von den Möglichkeiten entfernt. Aber selbst auf diesem rudimentären Level entsteht schon sehr schnell das Gefühl der Zugehörigkeit.

Bei Peppers/Rogers finden wir ein auf den ersten Blick sehr ähnliches Konzept: *Community-Knowledge*. Community- Knowledge ist ein Mittel, um die angepasste Serviceleistung eines Unternehmens unersetzbar zu machen. Durch die zahlreichen gespeicherten Dialoge zwischen individuellen Kunden und dem One-to-One Unternehmen entsteht eine gewaltige Datenmenge, die sehr direkt Auskunft geben kann über Geschmack, Beurteilungen, häufig auftretende Kombinationen usw.

Aufgrund dieser Datenmenge verfügt das Unternehmen über einiges Wissen darüber, wie Menschen bestimmte Dinge sehen und kann dementsprechend gute Hinweise geben. Peppers/Rogers erklären dies am Beispiel eines Reisebüros, einem Konzept, das auch wir in leicht veränderter Form schon angewendet haben. Bei diesem Reisebüro wurden Geschäftsreisende permanent gebeten, ihre Einschätzung über Flüge, Hotels und Restaurants abzugeben, die ihnen auf ihren zahlreichen Reisen begegnen.

Das primäre Ziel dieses Kundendialogs ist natürlich gemäß One-to-One-Ideen die permanente Verbesserung des Service für diesen individuellen Kunden. Aber dieses ungeheure Wissen aus dem direkten Erleben einzelner Kunden befähigt das Unternehmen natürlich auch dazu, anderen Kunden gute Tipps zu geben für Städte, die sie noch nie besucht haben!

Das Community-Knowledge des Unternehmens sorgt dafür, dass der Service über die maßgeschneiderte Leistung hinausgeht. Peppers/Rogers prophezeien das Unternehmen, das sich damit brüstet, nur Tipps zu geben, die auf Kundenfeedback beruhen! Ein solches Unternehmen ist vom Intracommerce nicht mehr weit entfernt: Der Kunde ist das Unternehmen! Wo liegt der Unterschied zwischen dem Community-Knowledge des One-to-One Marketing und der von mir propagierten Struktur einer Kommunikationsplattform?

Community-Knowledge muss das Unternehmen selber erzeugen, indem es seine Datenbanken mit Tausenden von individuellen Lerngeschichten analysiert und ein Modell daraus entwickelt. Was schon ein phänomenaler erster Schritt ist! Auf einer Kommunikationsplattform entwickelt sich das Wissen selbständig aus den Teilnehmern heraus. Diese unterhalten sich direkt, bewerten Produkte, Erlebnisse oder Ideen. Die Ergebnisse stellen sie in ihr Gedächtnis ein, für jeden verfügbar. Das Unternehmen muss die Community nicht durch Konsolidierung künstlich erzeugen, sie existiert wirklich! Und sie ist ein Teil des Unternehmens. Ultimate Kundenbindung!

Ironischerweise ist eine Kommunikationsplattform selbst dann ein überlegenes Marketingtool, wenn man mit extrem konventionellen Werbemitteln arbeiten will. So ist ein Werbebanner in einer Kommunikationsplattform gut platziert, schließlich weiß man exakt, weswegen die Menschen hier sind. Die strikte Themenorientierung sorgt für einen extrem guten Fokus.

Die Einsatzfelder von Kommunikationsplattformen sind so vielfältig wie die Kommunikationsmöglichkeiten des Unternehmens insgesamt. Allerdings gibt es einige Anhaltspunkte für besonders lukrative Einsatzgebiete. Wenn Sie im Zweifel sind, an welcher Stelle Ihres Unternehmens Sie zum ersten Mal eine Kommunikationsplattform einsetzen wollen, sind diese Anhaltspunkte vielleicht eine Orientierungshilfe. Kommunikationsplattformen sind in den folgenden Fällen besonders wirkungsvoll:

- wenn ein Unternehmen in einem bestimmten Segment sehr erfolgreich war, ihm aber zur weiteren Geschäftsentwicklung neue Zielgruppen fehlen,

- wenn ein Unternehmen eine bekannte Marke ohne schädigende Einflüsse wiederbeleben will,

- wenn das Unternehmen Neueinsteiger im Markt ist,

- wenn ein Unternehmen Qualitätsprobleme hat und mehr Beschwerden bekommt, als es verarbeiten kann.

Wege zum Ruhm . . .

Was tun?

Sie sollten jetzt eine solide Basis haben, um die Zukunft Ihres Unternehmens in Bezug auf den Markt zu steuern. Ich habe Ihnen gezeigt, welche Glaubenssätze der alten vordigitalen Welt sich überlebt haben und Ihnen den Bauchladen der neuen digitalen Methoden gezeigt. Egal ob Portals, Communities oder Intracommerce, nichts kann Sie mehr aus dem Konzept bringen.

Aber was tun Sie jetzt, um in Ihrem Unternehmen Prozesse zu implementieren, die den neuen Weg zum Markt ebnen? Es wird leider nicht damit getan sein, einen neuen Marketingverantwortlichen zu ernennen, eine Prozessorganisation einzuführen oder Ihren Vertriebsleiter zu feuern. Wenn Sie den Pfeil drehen wird sich die Organisation Ihres Unternehmens an sehr vielen Stellen ändern.

Zum Beispiel ist es ja nicht damit getan, durch Kommunikationsplattformen die Wünsche der Kunden exakt zu kennen. Sie müssen als Unternehmen auch fähig sein, auf diese Wünsche zu reagieren, was bedeutet, diese Informationen in Ihrem Unternehmen an die richtigen Stellen zu befördern, in Unternehmensprozesse einzugliedern und Produktion oder Dienstleistung so stark zu flexibilisieren, dass diese Wünsche erfüllbar werden.

Dieser Übergang zu einem immer stärker marktgesteuerten Unternehmen ist keinesfalls trivial, wie viele von uns aus der täglichen Praxis kennen. Ein schlagartiger Übergang wäre sicherlich überzogen und unökonomisch (außer es handelt sich um eine Firmenneugründung).

Aus meiner Erfahrung als Change-Management-Berater heraus halte ich ein schrittweises Vorgehen für praktikabler. Der sanfte Übergang ermöglicht, mühsam Erreichtes zu bewahren. Dabei werden erst an einigen Stellen des Unternehmens Schnittstellen nach außen aufgebaut oder umgestaltet und nach einiger Erfahrung miteinander vernetzt.

Was sind also die Schritte, um die Unternehmensorganisation, alle Businessprozesse stärker nach den Kriterien der digitalen Welt auszurichten? Was sind praktikable Schritte zur stärkeren Marktorganisation in das Unternehmen? Ich werde hier als erste Übersicht die praktischen Schritte konzipieren, die Sie gehen sollten, um – wie am Anfang versprochen – digitale Medien mit großem Erfolg und auf elegante Weise in Ihrem Unternehmen einzusetzen.

Schritt 1: Kernfragen

Wir beginnen mit dieser stark schematisierten klassischen Situation:

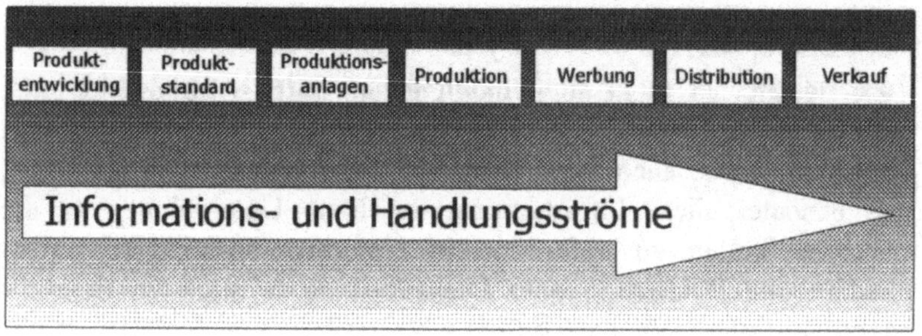

Abb. 19: Klassische Situation

Um zu klären, an welcher Stelle Sie ansetzen sollten, stellen Sie sich in Ihrem Unternehmen drei Fragen, am besten in einer bereichsübergreifenden und professionell moderierten Session. Die erste lautet:

Wenn Sie alles über Ihre Kunden wissen könnten, was wäre die wichtigste Information?

Diese erste Frage relativiert all den Statistikwust der klassischen Marktforschung und reduziert es auf die dringend benötigte Kernfrage. Hier ist genau die Frage gemeint, die sich Mitarbeiter Ihres Unternehmens im Alltag gelegentlich händeringend stellen: „Wenn ich doch nur wüsste, was Jugendliche hip finden und was sie bei meinem Produkt langweilt!" Oder: „Wieso lassen die Leute eigentlich bei meinem Konkurrenten so viel Geld und nicht bei mir?", „Was wollen die Leute in dem Magazin lesen, das sie vorhaben, morgen am Kiosk zu kaufen?"

Frage Nummer 2 lautet:

Welches Thema befriedigen oder berühren Sie mit Ihrem Produkt/ Ihrer Dienstleistung beim Kunden?

Bei dieser Frage sollte man genau hinschauen: es ist *nicht* gefragt, was das Thema des Unternehmens ist, sondern was das Thema des Kunden ist. So warb z.B. Opel in internationalen Businessmagazinen in aufwendigen ganzseitigen Werbungen mit seinen technologischen Errungenschaften und der Ausstattung seiner Werke. Dass ein Unternehmen sich für diese Dinge interessiert ist klar, aber es müsste einzusehen sein, dass ich mich wie jeder andere Kunde zuerst für andere Dinge interessiere, wie z.B. den Fahrspaß, die Optik, den Sound oder was auch immer einen Menschen noch an Autos interessieren kann.

Frage Nummer 3:

Gibt es Dinge, die der Kunde selber erledigen oder zumindest vor dem Gespräch mit dem Unternehmen schon abdecken kann?

Gerade die Beantwortung der letzten Frage spart Ihnen eine Menge Geld und ermöglicht Ihnen damit indirekt die Finanzierung für Ihre ersten größeren Onlineauftritte. Mitarbeiter von Unternehmen (gerade im Servicebereich) verbrauchen ungeheure Mengen an Zeit für immer wieder gleiche Anfragen von Kunden. Personal, das für solche Routineaufgaben eingesetzt wird, ist eine der großen unentdeckten Kostenblöcke. Wenn ich als Unternehmen Dinge zum Kunden delegieren kann, tue ich ihm einen Gefallen und spare Geld.

Als Beispiel wollen wir Multimedia-Anwendungen in Bankfilialen nennen. Multimedia-Terminals als Beratungszentren vor

Banken zu stellen war von Anfang an eine der wenigen wirklichen Erfolgs-Stories der Multimediabranche. *Vor* Banken wohlgemerkt, damit zum einen der Kunde die Bank überhaupt nicht erst betreten musste und zum anderen das Terminal um jede Uhrzeit genutzt werden konnte.

Die Erfahrung war die: Wurden auf diese Multimedia-Terminals Beratungstools für Kredit- und Immobilienfinanzierungen gespielt, stieg die Kreditvergabe der Banken bald darauf erheblich an. Der Grund? Viele Menschen hätten sich nie in die Bank getraut, um danach zu fragen.

Am Terminal konnten sie an einem leicht zu bedienenden Interface selber austesten, was ihre finanziellen Möglichkeiten wirklich zuließen.

Sie kombinierten Zinssätze mit Laufzeiten, bekamen ein Gespür für den Zusammenhang und konnten sich genau mit den Spielregeln vertraut machen. Mit dem sicheren Gefühl, zu wissen was sie wollten und konnten, betraten sie dann auch die Bank.

Ein zusätzliches Ergebnis war natürlich, dass sich die Beratungsgespräche erheblich verkürzten, denn der Angestellte brauchte die Spielregeln nicht zum tausendsten Mal selber zu erklären. Der Kunde kommt mit einer klaren individuellen Anfrage in die Bank. Kein Wunder, dass Finanzberatungsseiten kombiniert mit Online-Broking und Homebanking weltweit die absoluten Killerapplikationen im Internet sind.

Unternehmen, die z.B. Software liefern und normalerweise teure Supportorganisationen unterhalten müssen, haben schon lange erkannt, wie sehr es hilft, Routine-Nachfragen abzublocken, wenn man intelligente Selbstbedienungssysteme im Internet betreibt. Unternehmen wie Broderbund (die den Spieleklassiker Myst vertreiben) haben den Servicemann in das Internet outgesourced. Auch hier ist allerdings das Interface ein wichtiger Faktor. Die Oberfläche muss „Deutsch" verstehen und nicht nur ein Downloadverzeichnis für Hilfefiles sein. Stellen Sie sich diese drei Fragen, auch in verschiedenen Runden im Unternehmen und *fragen Sie ruhig auch schon mal einen Kunden danach*!

Schritt 2: Ausgangsplattformen errichten

Die Antworten auf die drei Fragen ergeben die ersten Ansatzpunkte für Plattformen. Das Thema des Kunden (Frage 2), das mit Ihrem Produkt verbunden ist, wird (vielleicht noch mit einem supraleitenden Thema ergänzt) als Kommunikationsplattform aufgesetzt. Wie bei unserer Case-Study überlegen Sie, welche Form von Plattform zu Ihrem Thema und welcher Attraktor genau auf Ihre Wunschperson passt.

Ein Versicherungskonzern, der an die junge Zielgruppe heran will, sollte nicht mit dem klassischen Thema Sicherheit agieren, eine Schokoladenfirma mit dem gleichen Ziel nicht über ihre neuen Schokoladenrezepturen philosophieren. Das *für den Kunden reizvolle* Thema zieht.

Etablieren Sie die Plattform ruhig schrittweise, also zuerst Chaträume und gesponsorte Pages mit interessantem Material, dann mit etwas Erfahrung die ersten 3D-Räume und Events. So beginnen Sie mittels der Kommunikationsplattform, Kunden an sich zu binden, das Thema für sich zu besetzen und Ideenressourcen aufzubauen. Vielleicht bekommen Sie auch dort schon eine Antwort auf die Frage nach der wichtigsten Information. Als nächstes etablieren Sie die beschriebenen Abfrageterminals im Internet als Outsource-Beratung für Dinge, die der Kunde selber erledigen kann (Frage Nr. 3).

IBM spart durch jede Serviceabfrage, die online abgewickelt wird 70-90 Prozent der Kosten im Vergleich zu einem Telefonanruf, den eine reale Person beantworten muss. Konsolidiert rechnet IBM dadurch mit jährlichen Einsparungen von rund 750 Millionen Dollar im Kundenbetreuungsbereich.

Stellen Sie Serviceinformationen, die häufigsten Kunden-Erstanfragen sowie die möglichen Optionen des Produkts in das Internet. Überlegen Sie sich ein Interface wie bei den beschriebenen Banken-Terminals mit Abfragemöglichkeiten, die für den Kauf entscheidende Kriterien visualisieren.

Ein bekanntes Beispiel für einen Servicedienst ist z.B. die Web-Site von Federal Express, auf der sich Kunden selbständig den aktuellen Stand ihrer Sendung anschauen können.

Angekoppelt an diese Servicestationen ist die Online-Order-Möglichkeit für Ihre Kunden. Für diesen Teil gibt es schon wunderbare Komplettlösungen (Shop-System) auf dem Markt und falls Sie Probleme mit elektronischer Bezahlung haben, machen Sie es ruhig konservativ. Ein telefonischer Rückruf für die Kreditkartennummer oder Lastschriftverfahren ist für den Start durchaus akzeptabel, wenn dabei ausreichend Geschwindigkeit vorliegt.

Als weiteren Schritt integrieren Sie Datenbanken, die jede Kundentransaktion (also Nachfragen, Bestellungen, Bezahlungen, Feedback in Form von Erfahrungsberichten usw.) aufzeichnen, sowohl online als auch im normalen Tagesgeschäft. Auch da gibt es wunderbare Lösungen, die Ihnen die Verkäufer der jeweiligen Firmen gerne präsentieren. Sie können dort ohne Probleme dreistellige Millionenbeträge ausgeben, wie das Beispiel SAP zeigt. Diese Daten werden Ihnen schon bald zusammen mit den Informationen aus der Kommunikationsplattform die Antworten auf die wichtigsten Informationsnöte geben (Frage Nr. 1)!

Schritt 3: Querverbindungen

Im nächsten Schritt verbinden Sie die verschiedenen Ausgangsplattformen miteinander. Eine Voraussetzung dafür ist natürlich, dass Sie bei sich bereits sowohl ein Intranet als auch ein Workflowsystem implementiert haben. Ermöglichen Sie über *Interfaces* den leichten

Zugang Ihrer Mitarbeiter auf die Kundendaten mit Kundenhistorie und Transaktionen. Wohlgemerkt, das gilt für wirklich *alle* Teilnehmer an Businessprozessen im Intranet.

Ich weiß aus eigener Erfahrung in großen Konzernen, dass nichts tödlicher für das Geschäft ist, als z.B. unterschiedliche Datenbanken im Vertrieb und im technischen Support. Der Vertrieb erfährt weder, worauf der Kunde gerade sauer ist, noch, dass beim Support gerade aufgrund von Kundenkritik wichtige Verkaufspotentiale liegen. Ebenso erfährt der technische Support sonst nie davon, dass dieser wütende Schnösel im Ohr zu einem der aussichtsreichsten Fälle für den Vertrieb gehört!

Alle Teilnehmer am Workflow müssen an die Realitäten des Marktes gewöhnt werden! *Jeder* Mitarbeiter sollte die Möglichkeit bekommen, Kunden als Anfassbare Wesen mit Historie und Vorlieben zu begreifen.

Dann *verbinden Sie die Internet-Abfragesysteme und die Online-Bestell-Möglichkeit mit der Kommunikationsplattform.* Das Ziel? Schnell wird Ihnen aus dem Markt Arbeit abgenommen und erfahrene Kunden auf der Plattform beraten die Fragenden. Und dies teilweise besser als Sie es könnten, denn diese Menschen arbeiten in der Praxis mit Ihren Produkten!

Zuletzt kommt ein sehr fundamentaler Schritt, nämlich die *Einbindung der Kommunikationsplattform in Ihr Intranet.* Erst an dieser Stelle wird wirklich Intracommerce betrieben und die Ressource des Marktes in das Unternehmen gebracht. Vorher müssen Sie aber in einer weiteren Session die Frage nach den Zugängen beantworten. Was sind potentielle Zugänge?

Ein schon häufig von mir verwendetes Beispiel ist die Produktentwicklung. Wenn sich die Kommunikationsplattform z.B. mit Design-Ideen von Kunden beschäftigt, bedeutet Zugang, dass diese Ideen direkt in die Workflowplätze von Produktentwicklung, Designabteilung und Produktmarketing einfließen. Zugänge verbinden die Kommunikationsplattform mit dem Workflow-System!

Sie beenden Schritt 3 also mit der folgenden Struktur:

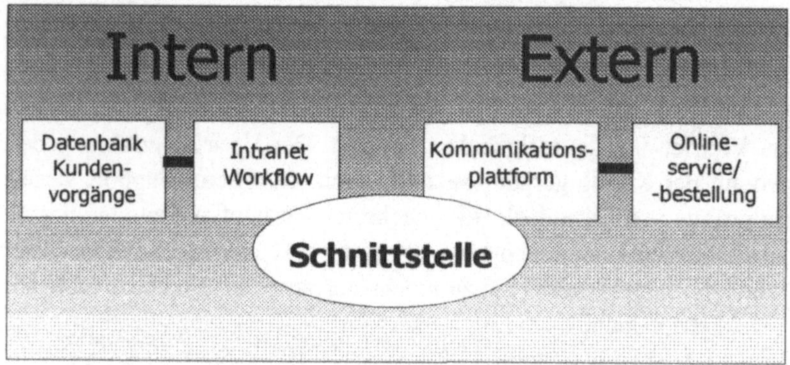

Abb. 20: Interne und externe Informationsflüsse verbunden

Schritt 4: Flexibilisierung

Wenn Sie das System aus Schritt 3 einige Zeit realisiert haben, werden Sie genug Informationen haben, um als weiteren E-Engineering-Schritt die Flexibilisierung Ihrer Produkte oder Dienstleistungen durchzuführen. Selbstverständlich werden viele von Ihnen schon den Großteil der gleich beschriebenen Dinge an bestimmten Stellen Ihres Unternehmens realisiert haben (z.B. SAP eingeführt und einen Webshop implementiert), trotzdem sollten diese Aktivitäten noch einmal unter dem Gesichtspunkt des Intracommerce betrachtet werden. Sie werden dann erkennen, wie viel Sie schon richtig gemacht haben und Ideen für noch effizientere Nutzung erhalten.

Sie beginnen mit den Informationen, die Sie aus den Kundenterminals und der Datenbank der Kundentransaktionen gewinnen können:

• Analysieren Sie die Informationen in Bezug darauf, ob sich an einigen Stellen eine stärkere Anpassung ihrer Produkte an ihre Kunden lohnt.

122

- Fragen Sie danach, wie groß der heutige und zukünftige Wert einzelner Kunden für Ihr Unternehmen ist. Haben bestimmte Kundengruppen besonders großen Anteil am Unternehmensumsatz (was bei den meisten Unternehmen der Fall ist), dann sollte es durchaus lohnen, für diese Kunden stärker Maßgeschneidertes anzubieten.

- Schauen Sie sich dann an, wie stark sich die Bedürfnisse einzelner Kunden unterscheiden und in welchen Punkten. Je stärker sie sich unterscheiden, desto lohnender die Flexibilisierung. Flexibilisieren Sie nicht bei Punkten, die den Kunden völlig gleichgültig sind.

Diese Analyse, sorgfältig ausgeführt, sollte Ihnen genug Ideen darüber geben, an welcher Stelle Sie flexibler werden sollten! Bei der Flexibilisierung werden Ideen aus der „Mass-Customization" und ähnlichen Ansätzen zum Tragen kommen, die in den nächsten Kapiteln detailliert beschrieben werden. Diese Ansätze sind allerdings nur einzelne Methoden, die erst im Zusammenspiel zu einem marktgesteuerten Unternehmen führen. Sie sind ein Schritt auf dem Weg zur digitalen Welt, nicht ein Synonym dafür. Bei vielen heutigen Tipps von Marktgurus werden gerade munter Extranets, Internets, Mass-Customization u.ä. nebeneinandergestellt, ohne sie zu einer schlagkräftigen Struktur zu verbinden.

Das Ziel ist es, das Unternehmen so mit dem Markt zu verbinden, dass es in einen fortlaufenden, immer stärkeren Prozess eintritt, bei dem die Ideen, Wünsche und Forderungen seiner Kunden als Ressource verwendet werden. Ihr Unternehmen sieht nach der Flexibilisierung in einigen Teilen etwa wie in Abb. 21 aus.

Und damit haben wir den Pfeil gedreht und begonnen, die Ressource des Marktes für Sie zu nutzen!

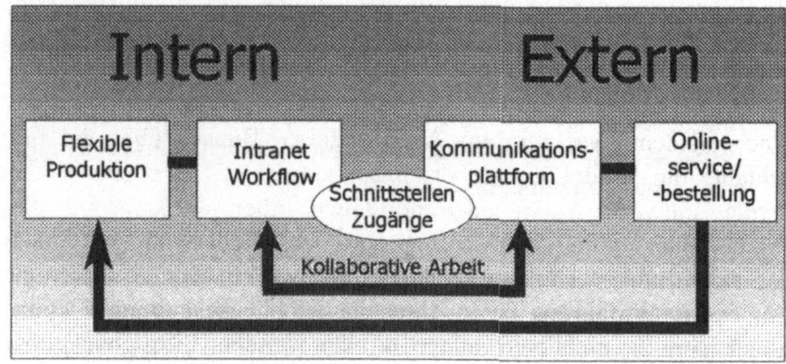

Abb. 21: Kundeninformation fließen in das Unternehmen

Maßgeschneiderte Massenfertigung

In den vorangegangenen Kapiteln haben wir gesehen, dass es notwendig geworden ist, auf eine neue Art flexibler zu produzieren. Wir haben durch Kommunikationsplattformen und Intracommerce zwar die (ehemaligen) Kunden zu einem Teil unseres Unternehmens gemacht, eine unendlich große Ressource angezapft, aber uns fehlt ein letzter Schritt in der Kette, um den Pfeil umzudrehen. Das E-Engineering geht weiter. Wir haben das Marketing neu erfunden, wie John Scully es ausdrückt, aber wir müssen noch Wege beschreiben, wie die Wünsche des Marktes, über die wir jetzt so gut Bescheid wissen, erfüllt werden können.

Im Kapitel über die Geschichte der Produktion wurde es schon angedeutet: Das neue Produktionsparadigma am Horizont ist schon da. Die Losgrößen der Produktion nähern sich – dank japanischer Beharrlichkeit – der Größe eins und die Zeit von der Anfrage zur fertigen Produktion und der Erfüllung eines Auftrages steht selbst für Autos bei drei Tagen. Die Produktion ist so flexibel, dass es möglich wird, den Kunden zufriedenzustellen. Er entwirft als Teil unseres Unternehmens die Produkte, die er kaufen will. Selbst der "Papst des

Marketing", Philip Kotler, sagt: „Konsumententräume können jetzt erfüllt werden." Das neue Paradigma hat einen Namen: Maßgeschneiderte Massenfertigung.

Nach alledem, was wir am Anfang dieses Buches über die Geschichte der Produktion gehört haben, klingt das wie ein Widerspruch: entweder Masse oder individuell. Aber wie kann man die Produktionsvorteile der Massenproduktion (Economies of Scale) realisieren und gleichzeitig exakt liefern, was ein Kunde nachfragt? Soviel als Einführung: Von Ihrer Fähigkeit, diese beiden Dinge gleichzeitig zu realisieren, hängt Ihr ökonomisches Überleben in der digitalen Welt ab!

B. Joseph Pine II von der IBM, der ein richtungsweisendes Buch über maßgeschneiderte Massenfertigung geschrieben hat, sieht vier wesentliche Innovationen, die bewirken, dass sowohl Masse als auch Kundennähe erzeugt werden kann:

1. Just-in-time-Lieferung: Lieferanten werden (dank Electronic Commerce) eng in den Fertigungsprozess einbezogen, was Fertigungsverfahren verbessert und Lagerhaltungskosten verringert.

2. Verringerung der Rüst- und Umstellzeiten, wodurch geringere Kosten für kleinere Losgrößen entstehen.

3. Time-Based-Competition, also die Komprimierung der Zykluszeiten in allen Abschnitten der Wertschöpfungskette. Dadurch sinken die Kosten, wobei die Reaktionsgeschwindigkeit steigt.

4. Produktion aufgrund von Bestellungen und nicht aufgrund von Vorabschätzungen. Dadurch werden Lagerkosten gesenkt, Lagerräumungsverkäufe und Abschreibungen reduziert.

Diese Innovationen (einige davon wurden schon im Kapitel über die Evolution der Produktion erwähnt) sind die Voraussetzung dafür, dass wir den Pfeil drehen können. Schauen wir uns die Schritte noch einmal einzeln an:

Das Unternehmen integriert seine Geschäftspartner in einem unternehmensübergreifenden Netzwerk (siehe auch Teil 3 des Buches). Prozesse werden miteinander verbunden, Übergangsverluste eingeschränkt. Dies ist die besondere Stärke des Electronic Commerce und der Mehrwertdienste wie EDI. Über Internet/Intranet-Technologie realisiert, bewirken diese Veränderungen Fortschritte bei zwei der erwähnten Punkte: Just-in-Time-Produktion wird ermöglicht und damit die Zykluszeit komprimiert. Das Unternehmen ist jetzt in der Lage, schneller zu reagieren, wenn auch noch unklar ist, auf was.

Jetzt wenden wir an, was wir von den Japanern gelernt haben: Kleine, flexible Fertigungseinheiten, die es möglich machen, die Fabrikation schnell umzustellen, um zu produzieren, was unsere schnelle Reaktionszeit erfordert.

Betrachtet man die Schnittstelle zum Markt, ist der Pfeil schneller geworden und zielt genauer. Jetzt wollen wir ihn umdrehen: Der Kunde wird Teil des Unternehmens und bestimmt, was produziert wird. Es werden ausschließlich Produkte und Dienstleistungen zur Verfügung gestellt, die vom Kunden gewünscht werden. Keine Produktentwicklung mehr im stillen Kämmerlein, keine aufwendigen Produktionsprozesse mehr, keine Werbung. Was ist der genaue Unterschied im Fertigungsprozess, um diese Vision zu erfüllen?

Bei der Massenfertigung werden zuerst die Produkte entwickelt und dann erst die Prozesse zu ihrer Fertigung geschaffen, so dass die Prozesse nur für genau diese Produkte verwendbar sind. Da die Entwicklung der Prozesse und die Einrichtung der spezialisierten Fertigungsanlagen extrem teuer war, darf sich das Produkt nicht ändern.

Bei der maßgeschneiderten Massenfertigung werden im allgemeinen die Prozesse zuerst geschaffen und bleiben abgekoppelt vom sich ständig verändernden Fluss der Produkte. Die Produktinnovation in solchen Unternehmen ist hoch, da aufgrund der flexiblen Fertigung lange Produktlebenszyklen kein Überlebenskriterium sind. Jedes einzelne Produkt hat eine geringere Nachfrage, aber das Unternehmen als Ganzes ist permanent gefragt, da es evolutionär jede individuelle Nische mit Vielfalt füllt.

Entscheidend für diese permanente Prozessinnovation ist ein lernendes Unternehmen, ein Unternehmen, was sich von spezifischen Produkten oder Dienstleistungen löst und eher ein permanent wachsendes Gedächtnis zu einem bestimmten Thema hat.

> So sieht sich z.B. Corning, einer der weltweit größten Produzenten von Glasfaseroptik der Welt heute nicht mehr durch seine Produkte oder Dienstleistungen ausgezeichnet, sondern durch seinen Schatz an Verfahrenswissen.

Der Markt wird in das Lernen einbezogen: Auch eine Kommunikationsplattform lernt permanent, sucht und verarbeitet weltweit jede Ressource und vergrößert das Gedächtnis des Unternehmens. Ein individualisierbares Produkt ist auf verschiedene Arten zu realisieren. Diese geben einem Unternehmen auch entsprechende Wege an die Hand, erste Schritte in diese neue Welt zu gehen.

Zuerst einmal ist ein anpassbares Produkt vorstellbar. So verkauft Belgian Shoes in New York Schuhe mit provisorischen weichen Sohlen. Kommen die Kunden nach einer Woche wieder in den Laden, haben sich die Sohlen nach individuellen Formen und Gehgewohnheiten verformt und sind dann Vorlage für die Originalsohle. Endfertigung beim Kunden – live im Schuh!

Eine Modularisierung des Produktes z.B. in der Automobilindustrie bewirkt in vielen Fällen, dass man mehr Produktvarianten anbieten kann als vorher und dies mit geringerem Aufwand. Modularisierte Verfahren sind auch der leichteste Weg, Economies of Scale zu erzeugen und gleichzeitig individuellere Produkte anzubieten.

Direkte Fertigung ist die Lösung, bei der wirklich Einzelstücke neu gefertigt werden, je nach den Spezifikationen des Kunden. Extremste futuristische Variante der direkten Fertigung wäre das „Holodeck" des Raumschiff Enterprise: Designen Sie, was immer Sie wollen, es wird sofort zur Verfügung gestellt.

Schließlich kann man dem Kunden noch Tools in die Hand geben, mit dem er sein Produkt selber erzeugt, oder ein gekauftes Produkt selber erweitert. So sind einige Computerspiele deswegen so beliebt, weil der Spieler die Welten leicht selber erweitern kann. Statt nur vorgefertigte Landschaften zur Verfügung zu haben, kann er das Produkt unbegrenzt erweitern. Werden diese Welten auch anderen zur Verfügung gestellt, hat das Unternehmen die komplette Spielerschaft als Design- und Entwicklungsabteilung!

Bei Branchen wie dem Automobilbau leuchtet das Neuartige der maßgeschneiderten Massenfertigung den meisten Menschen spontan ein. Weniger offensichtlich ist die Veränderung bei Dienstleistungsunternehmen wie Banken oder Versicherungen. Auch dies allerdings nur auf den ersten Blick. Wenn Sie sich das klassische Angebotsspektrum einer großen Versicherung ansehen, erkennen Sie, dass es sich dabei sehr wohl um eine Art Produktportfolio handelt. Aufgrund statistischer und demographischer Daten wird ein Produkt (z.B. Lebensversicherung) geschneidert, das einem standardisierten Bedürfnis entspricht.

Gegebenenfalls kann das Versicherungsunternehmen den Menschen noch mittels Werbung klarmachen, dass sie Probleme haben, von denen sie noch nichts wussten. Das dazu passende Standardprodukt wird dann mittels nicht unbedingt einfühlsamer Vertreter an den Kunden gebracht. Ich habe schon reichlich Erfahrung mit Versicherungsvertretern, die meinten, ich müsste meinen Lebensstil und Lebensplan an die Eigenschaften ihrer Produkte anpassen und es gar nicht verstehen konnten, dass ich nicht so sein wollte wie mein Nachbar!

Wieso rechnet sich eigentlich die maßgeschneiderte Massenfertigung, wenn wir doch in den ersten Kapiteln des Buches gelernt haben, dass sich Produktion nur über Economies of Scale rechnet, also über Massenfertigung von standardisierten Gütern? Neben der Tatsache, dass Unternehmen mit hochflexibler Fertigung oder flexible Unternehmensnetzwerke sehr wohl Economies of Scale realisieren können, selbst wenn sie maßfertigen, ist es wohl die unterschiedliche Einstellung zu Gemeinkosten und Lagerhaltung, die maßgeschneiderte Massenfertigung in Zukunft hochprofitabel macht.

Gemeinkosten (also die nicht direkt Produkten zurechenbaren Kosten) zeigen sich seit Beginn des Industriezeitalters in den umfangreichen Kontrollmechanismen der Massenfertigung. Kontrolle hat seinen Preis. Lagerhaltung wird schon seit einigen Jahren von den Japanern neu interpretiert. Sind Lagerbestände für westliche Unternehmen konventioneller Prägung Puffer gegen Marktunsicherheiten, betrachten Unternehmen, die permanente Prozessverbesserung betreiben, Lager schlicht als Ausschuss, als ein Versagen des Prozesses. Geringere Kontrollkosten und im extremsten Fall der Wegfall der Lagerkosten senkt die Gesamtkosten über den gesamten Prozess hinweg betrachtet ganz erheblich.

Weiterhin werden im Schnitt bessere Preise für die Produkte erzielt, weil sie den Kundenerfordernissen sehr exakt entsprechen. Unverkäufliche Ladenhüter müssen nicht mehr zu Schleuderpreisen an den Kunden gebracht werden, nachdem sie schon unverhältnismäßig hohe Lagerkosten hervorgerufen haben.

Es ist viel vom Gedankengut des One-to-One-Marketing in Konzepten zur Maßgeschneiderten Massenfertigung. B. Joseph Pine II beschreibt den neuen Ansatz als das „Aufspüren und Befriedigen der Wünsche und Bedürfnisse individueller Kunden". Für das Aufspüren muss man natürlich die schon beschriebenen Mittel des Mikromarketing einsetzen. Wir haben aber schon gesehen, dass Kunden gar nicht aufgespürt werden wollen, sondern zu uns kommen, um gemeinsam Wünsche und Bedürfnisse zu entwickeln und sie dann zu befriedigen – mit Hilfe einer flexiblen Produktion oder Dienstleistung. Der Pfeil der klassischen Industrieproduktion wird endgültig vollständig gedreht.

Damit sind wir am Ende des ersten Teils angekommen. Die neuen Prozesse zum Kunden sollten als Grundkonzept klar sein, die Schritte zur Marktintegration in das Unternehmen bilden ein Vorgehensmodell für Ihr E-Engineering dieses Bereichs.

Zusammenfassung der Schritte zur Markt-
integration in das Unternehmen

Schritt 1: Kernfragen

- Wenn Sie alles über Ihre Kunden wissen könnten, was wäre die wichtigste Information?

- Welches Thema befriedigen Sie mit Ihrem Produkt/Ihrer Dienstleistung beim Kunden?

- Gibt es Dinge, die der Kunde selber erledigen oder zumindest vor dem Gespräch mit dem Unternehmen schon abdecken kann?

Schritt 2: Ausgangsplattformen errichten

- Kommunikationsplattform einrichten, die weltweit Ressourcen zu neuen Ideen und Weiterentwicklungen sammelt

- Abfrageterminals und Online-Bestellung einrichten

- Unternehmensübergreifende Datenbanken („Data-Warehouse") einrichten, die Kundenkontakte und -transaktionen auf individueller Basis speichern können.

- Falls noch nicht geschehen: Intranet mit Workflowsystem aufbauen.

Schritt 3: Querverbindungen

- Datenbanken im Workflowsystem zugänglich machen

- Online-Service mit Kommunikationsplattform verbinden

- Kommunikationsplattform für unternehmensinterne Zwecke nutzen: Zugänge öffnen

Schritt 4: Flexibilisierung

- Datenanalyse aus Datenbank und Kommunikationsplattform

- Welche Kunden sind besonders wertvoll, welche individuelle Anpassung ist möglich und lohnend?

- Flexibilisierung der Produktion, möglicherweise zuerst in Form von Modularisierung.

- Erzeugen eines Kundeninterfaces zum Erstellen des individuellen Produkts.

Aktionen aus Teil 1: E-Engineering der Kundenbeziehungen

Was sollten Sie im Team überlegen?

- Wichtigste Informationen über den Kunden

- Thema des Unternehmens

- Mögliche Zugänge

- Mögliche Communities/Kommunikationsplattformen

- Mögliche Self-Service-Dienste

- Möglichkeiten der Flexibilisierung von Produkten und Dienstleistungen

Was können Sie direkt tun?

- Neue Vision für Kundenbeziehungen entwickeln

- Team für E-Engineering der Kundenprozesse aufsetzen

- Analyse der Prägung des Unternehmens durch historische Entwicklung

- Kundendaten integrieren und auswerten

- Kommunikationsplattform starten

Teil 2: Die neuen Wissens- prozesse

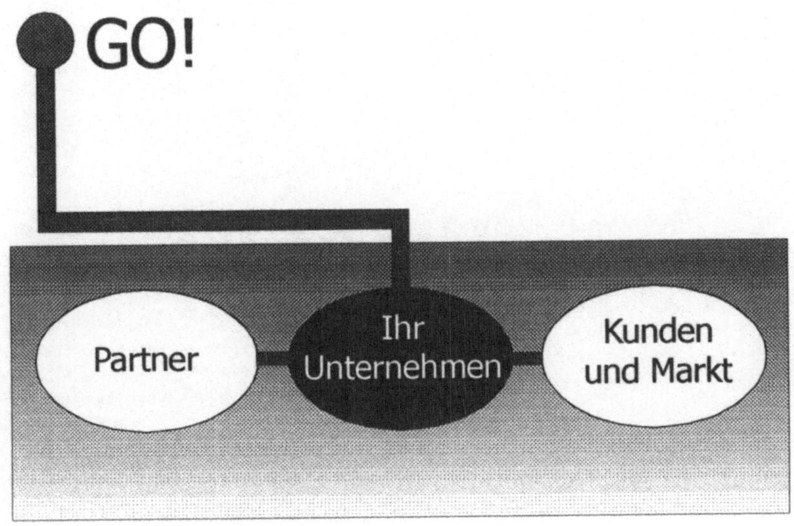

Bündelung

Game-Rooms, Zukunftswerkstätten und vieles mehr

Wir haben neue Wege zum Kunden beschrieben und Sie werden mir wohl in der Aussage zustimmen, dass eine Revolution stattfindet. Im zweiten Buchteil will ich in das Unternehmen hineinschauen und untersuchen:

- wie sich die Kommunikation im Unternehmen verändert und

- welche Dinge Sie jetzt realisieren können, die vor der Einführung digitaler Medien unmöglich waren.

Dazu wollen wir als Einstieg betrachten, wie Unternehmen zu Wissen kommen und wie sie es im Unternehmen erzeugen, verteilen und bündeln. Damit steht in engem Zusammenhang, ob ein Unternehmen lernt und effektiv Informationen aus dem Markt und von anderen Unternehmen "aufsaugt" und im Unternehmen verwendet. Und damit steht auch im Zusammenhang, *wie viel Vernetzung mit der digitalen Welt Ihr Unternehmen aushält!* Schließlich ist es nicht jedes Unternehmen gewohnt, permanent gezielten Kundeninput zu erhalten und in Echtzeit intern an die richtigen Leute weiterzuleiten.

Es ergeben sich immense Anforderungen an die Wissensprozesse im Unternehmen, denn die intensive Vernetzung mit der Außenwelt ist ja die Kernanforderung der digitalen Welt! Die Mauern des Unternehmens sind geöffnet! Jetzt müssen Sie etwas daraus machen, dass Sie Bestandteil eines großen Netzwerks werden.

Neue Wissensprozesse sind daher eine gute Basis für das E-Engineering Ihrer unternehmensinternen Methoden. Betrachten Sie das folgende Schaubild. Es zeigt grob schematisiert die möglichen Wege des Wissens im und um das Unternehmen.

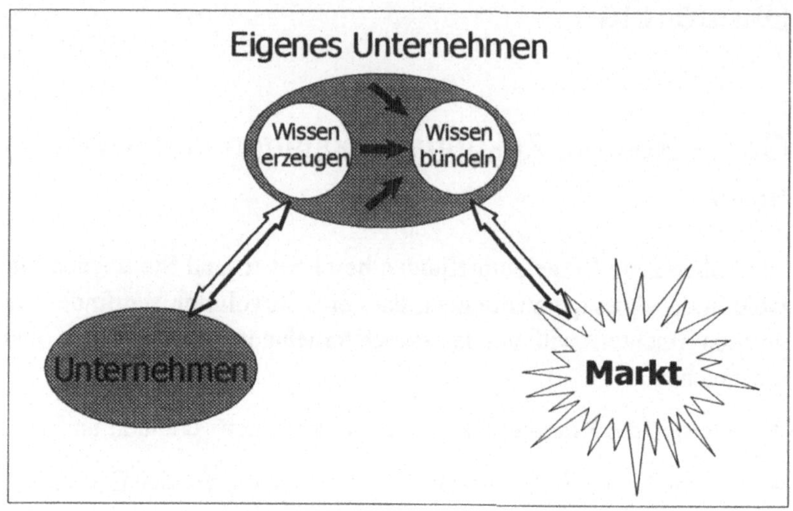

Abb. 22: Wege des Wissens

Ein Unternehmen kommt auf drei Wegen zu Wissen:

- Es sucht *im eigenen Unternehmen*. Dabei wird es eine Menge Wissen geben, das schon lange vorhanden ist, aber bisher unzugänglich irgendwo schlummert. Außerdem kann sich das Unternehmen mit Kreativität daran machen, gezielt neues Wissen zu erzeugen.

- Das Wissen kommt *von Kunden*. Gerade die Intracommerce-Methoden versorgen das Unternehmen mit einem permanenten Wissensstrom von außen. (Der Markt ist im Bild oben übrigens deswegen so gezackt, weil er unsicher und ständig in Bewegung ist.)

- Das Wissen kommt *von anderen Unternehmen*, also Geschäftspartnern oder Konkurrenten.

Im Kern läuft die Entwicklung der Wissensprozesse im Unternehmen auf eine Bündelung und gezielte Verteilung aller Ressourcen, aller Erfahrungen und allen Wissens hinaus.

Digitale Medien sorgen dafür, dass Wissen im Unternehmen schneller *erzeugt, gebündelt, verteilt* und *vermittelt* werden kann. Auch Wissen von Kunden und anderen Unternehmen kann so schneller verarbeitet und an die richtigen Stellen geleitet werden. Sie müssen sicherlich für die neuen Wissensprozesse die interne Kommunikation direkter und schneller machen, von hierarchischen Beschränkungen ebenso befreit wie von räumlichen.

Und mit dieser Anforderung erschließt sich dem Unternehmen die ganze Fülle der digitalen Methoden für die neuen Wissensprozesse. Die bekanntesten sind:

- **Virtuelle Teams**, die global und in Echtzeit arbeiten und das komplette Wissen des Unternehmens jederzeit zur Verfügung haben.

- Virtuelle **Communities of Practice**, die Expertenwissen zu bestimmten Themen austauschen und weiterentwickeln.

- **Virtual-Corporate-Universities**, die Ihre Mitarbeiter schulen, ohne die Einschränkung des klassischen Trainings.

Aber es gibt noch zahlreiche andere Wege, die ich hier nur kurz streifen will: Viele der digitalen Verfahren zum internen Umgang mit Wissen sind durchaus mit klassischen Ansätzen vergleichbar. Nur können Sie diese jetzt schneller, weltweit und permanent einsetzen. Nehmen Sie als Beispiel die *Zukunftswerkstätten*, eine Methode des Change-Managements, bei dem ausgesuchte Mitarbeiter zusammenkommen, um in Klausur wünschenswerte Zukunftsentwürfe für das Unternehmen zu entwickeln.

Eine *digitale Zukunftswerkstatt* ist für Mitarbeiter weltweit *jederzeit* verfügbar. Sie müssen sich nicht in großen zeitlichen Abständen irgendwo auf der Welt treffen, um sich in Klausur zu begeben. Wo auch immer die Mitarbeiter physisch sind: Nur einen Mausklick von ihrem normalen Arbeitsplatz entfernt können sie Ideen über die Zukunft austauschen und mit anderen bewerten.

Das Gleiche gilt für Prozesse, die zu neuen, kreativen Ideen führen sollen. Bisher gingen einige Mitarbeiter auf einen Kreativworkshop, in dem sie ausnahmsweise einmal dazu aufgefordert wurden, Dinge auf eine im Unternehmen unbekannte Weise anzugehen. Im digitalen Zeitalter gibt es in modernen Unternehmen einen *Game-Room*, also einen virtuellen Raum, in dem permanent mit den Grundannahmen des Unternehmens gespielt wird. Wer sich hier einklickt, ist gerade in der Stimmung, Dinge anders anzugehen als bisher. Jede gute Idee aus diesen Räumen kann Sekunden später in eines der virtuellen Teams eingekippt werden. Und Stunden später arbeiten schon Mitarbeiter mit der neuen Idee.

Spannende Zeiten im Unternehmen! Digitale Tools erzeugen, bündeln und vermitteln Wissen in einer bisher nie gesehenen Direktheit und Geschwindigkeit. Ich will als Beispiele für neue Wissensprozesse in Unternehmen die drei oben genannten Anwendungen genauer betrachten: *Virtuelle Teams*, *Communities of Practice* und *Virtual-Corporate-Universities*. Mit diesen drei sollten Sie Ihre Revolution im Unternehmen starten!

Virtuelle Teams

Was ein Team ist, wissen wir mittlerweile alle. Was aber ist ein virtuelles Team? Flapsig gesprochen könnte man sagen, ein virtuelles Team ist ein Team, dass nicht mehr ganz so oft gemeinsam Kaffee trinkt und dabei doch permanent zusammenarbeitet . . .

Etwas präziser: Ein virtuelles Team teilt einige Eigenschaften des klassischen Teams wie klare Aufgabenorientierung und zeitliche Begrenztheit, verfügt aber durch die digitalen Medien über einige weitere Möglichkeiten:

- Die tatsächlichen physischen Treffen sind sehr eingeschränkt und dienen meistens Kundenbesuchen oder der Motivation.

- Die wesentliche Arbeit findet virtuell statt, dass heißt die Kommunikation erfolgt über ein Internet/Intranet-Tool oder über ein Workflow-System.

Virtuelle Teams können so schneller und kostengünstiger arbeiten als klassische Teams, die immer wieder zeitaufwendige Treffen arrangieren müssen. Sie sind die organisatorische Grundlage für das kollaborative Arbeiten im Stile der Onlinedienst-Foren, die zukünftige Heimat der Online-Nutzer in Unternehmen. Ein Kernvorteil des virtuellen Teams ist auch, dass viele Personen in dieses Team integriert werden können, die normalerweise aus Gründen der räumlichen Entfernung oder der hierarchischen Beschränkungen kein Mitglied eines Teams wären. Dies geht von Mitarbeitern anderer Erdteile über Teammitglieder, die ständig auf Reisen sind bis hin zu Kunden, die – wie im ersten Teil gefordert – fester Bestandteil des Teams sind, obwohl sie in einem ganz anderen Unternehmen sitzen. Raum, Zeit und administrative Hindernisse sind keine Ausrede mehr, wenn man genau die richtigen Leute für ein bestimmtes Ziel vereinen muss.

> Ford lässt über das Intranet bis zu 4 500 Ingenieure weltweit virtuell zusammenkommen, um neue Designs auszuarbeiten. Kundenfeedback aus dem Internet wird permanent in diese Arbeitsgruppen eingespeist.

Wie kommt man zu einem virtuellen Team?

- Sie legen die Aufgabe und damit die (messbaren) Ziele fest.

- Sie klären einzuhaltende Rahmenbedingungen.

- Sie bestimmen die Teilnehmer für das zukünftige Team oder lassen ggf. ein kleines Kernteam die übrigen Teilnehmer selbst bestimmen.

- Sie bestimmen Budgets und Zeitrahmen mit Meilensteinen.

- Sie stellen die Infrastruktur/Kommunikationsplattform für die Teamkommunikation zur Verfügung.

Wenn Sie genau hinsehen, stellen Sie sicherlich fest, dass sich die Vorgehensweise zum Aufstellen des virtuellen Teams eigentlich nur im letzten Punkt von der klassischen Methode unterscheidet. Die gemeinsame zentrale Kommunikationsplattform im Cyberspace ist es, die unsere kleine Revolution startet. Deshalb sollte auf die Gestaltung dieser Plattform einige Sorgfalt verwendet werden. Die Plattform muss den Teammitgliedern erlauben, Arbeitsergebnisse abzulegen und gemeinsam darauf zuzugreifen. Ebenso muss es möglich sein, an Zwischenschritten gemeinsam zu arbeiten.

Vieles, was ich im ersten Teil des Buches zur Kommunikations-plattform im Internet gesagt habe, gilt auch für die Plattform eines virtuellen Teams. Die für Internet-Plattformen entwickelten Verfahren der Online-Moderation (Spiegelung und Selektion) sind hervorragend für virtuelle Teams geeignet. Wen wundert es, schließlich sind Online-Nutzer ja Grenzgänger zwischen Unternehmen und Markt.

Auch die Teamkommunikation nach außen sollte auf der Plattform eines virtuellen Teams vorgesehen werden. So kann es in einem Intranet einen geschlossenen Bereich für das eigentliche Team geben, aber auch eine offene Präsentationsseite, auf der die bisherigen Zwischenergebnisse des Teams komprimiert für alle Mitarbeiter dargestellt werden. Die Arbeitsplattform muss es den Teammitgliedern mit ihren Tools erleichtern, für diese offene Präsentationsseite schnell Inhalte zu erstellen.

Virtuelle Teams sind gerade aufgrund der Tatsache, dass auch sie Teams sind, von begrenzter Dauer. Wie aber erzeugt man im Unternehmen eine permanente Heimat für Mitarbeiter, die mit bestimmten Themen beschäftigt sind? Wie sorgt man dafür, dass dort Wissen gespeichert wird und das Unternehmen lernt? In Kurzform: Wie gründet man Communities im Unternehmen?

Communities of Practice

Die Bündelung von Wissen in Unternehmen funktioniert schon seit einigen Jahren immer stärker über sogenannte Communities of Practice. Sie sind typische Elemente stark vernetzter Organisationen.

Communities of Practice sind informelle, bereichsübergreifende Gruppen, die ein gemeinsames Thema oder eine ähnliche professionelle Rolle haben.

Solche Gruppen können weltweite Vertriebsteams sein, die überall mit ähnlichen Vorgehensweisen arbeiten und auf ähnliche Probleme stoßen. Aber auch Streetgangs oder Produktentwicklungsteams sind Beispiele für solche informellen Gruppen.

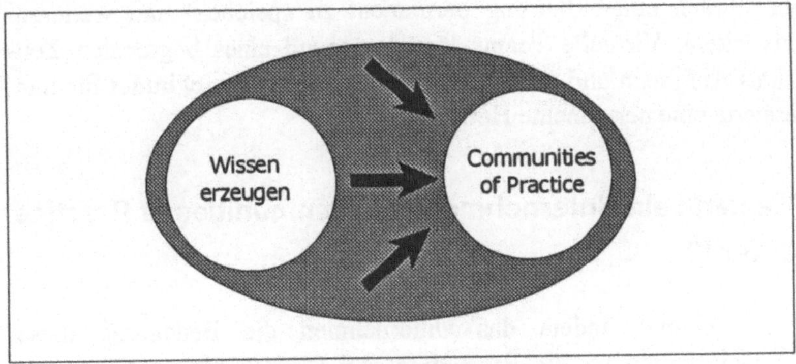

Abb.23: Bündelung von Wissen durch Communities

Bei Communities of Practice steht das Gefühl der Gemeinschaft und des Lernens stark im Vordergrund. Sie bilden sich um Themen oder wertschöpfende Tätigkeiten. D.h. genau die Themen des Alltags, also „Wie akquiriere ich in Branche XYZ?" oder „Wie bekomme ich diese SAP-Schnittstelle initialisiert" und andere Fragen ihrer jeweiligen Profession prägen die Diskussion. Solche Gruppen sind kooperativ organisiert und streuen neues Wissen sehr schnell. In einigen Industriebereichen ist das Arbeiten ohne diese Communities of Practice fast nicht mehr möglich. Man würde nicht schnell genug lernen und zu viele Dinge von Neuem erfinden. Menschen gesellen sich zu einer Community und bleiben, weil sie etwas lernen können und ihrerseits etwas anzubieten haben. Was ist der Unterschied zu einem virtuellen Team? Sehen Sie sich die folgende Tabelle an:

Virtuelles Team	Community
An speziellen Aufgaben/Zielen orientiert	An Themen orientiert
Begrenzter Zeitraum	Permanent
Gezielt zusammengestellt	Überwiegend freiwillige Teilnahme

Der Hauptunterschied liegt darin, dass Communities benötigt werden, um Wissen und Erfahrung permanent zu speichern und weiterzuentwickeln. Virtuelle Teams lösen während eines begrenzten Zeitraums Aufgaben und erreichen Ziele. Die Community bildet für Interessierte eine permanente Heimat.

Wie kann ein Unternehmen die Communities of Practice fördern?

Zuerst einmal, indem das Unternehmen die Bedeutung dieser Gemeinschaften für die Erzeugung und Bündelung von Wissen erkennt! Sie sind preiswerte, schnelle und unbürokratische Mittel, Wissen im Unternehmen zu streuen und (aus professionellem Selbstverständnis der Gemeinschaftsmitglieder) immer auf dem neuesten Stand zu halten. Das Unternehmen kann die Gemeinschaften durch die Bereitstellung von Infrastruktur fördern, z.B. indem es Platz im Intranet zur Verfügung stellt, regelmäßige Treffen finanziert oder Gemeinschaftsmitglieder auf wichtige Konferenzen schickt.

Extrem wichtig ist es, nach der Maxime „Bereite den Boden, aber betreibe keine Landwirtschaft!" zu handeln. Communities of Practice sind selbstorganisiert und informell. Sie benötigen keinen organisatorischen Rahmen und keine Erfolgs-Reports. Communities of Practice sind das Mittel, um genau das Wissen im Unternehmen zu bündeln, bei dessen Weiterentwicklung Ihnen Kunden später helfen sollen. Interessanterweise haben die Communities of practice schon seit einigen Jahren im Markt ihre genaue Entsprechung: Die Virtual Communities im Internet, wie sie im ersten Teil des Buches beschrieben wurden. Sie sind ja genauso um Themen und Tätigkeiten gruppiert: Kaum ein Programmierer oder Musiker, der nicht in mehreren Newsgroups arbeitet, um weltweit immer auf dem neusten Stand zu sein.

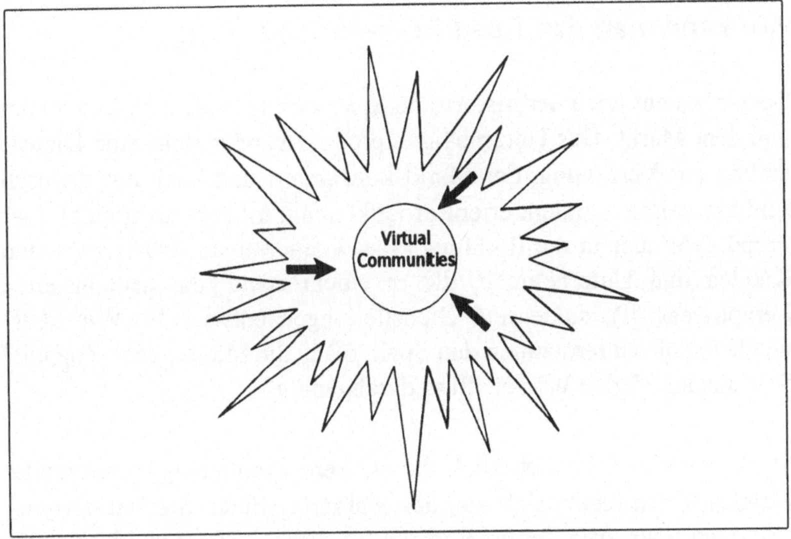

Abb. 24: Bündelung des Marktwissens durch Communities

Auch hier ist der Gemeinschaftseinfluss stark ausgeprägt: Man fragt Mitglieder in den Communities nach ihrer Meinung zu bestimmten Produkten, gibt sich gegenseitig Unterstützung und erledigt damit den Service für manche Unternehmen gleich mit. Wer sich nicht innerhalb der virtuellen Gemeinschaften informiert, ist in seinem Themenbereich bald nicht auf dem neusten Stand und wird nicht länger als kompetent angesehen.

Virtual Communities stellen in einigen Bereichen, wie z.B. der Automobildistribution schon eine ganz erhebliche Marktmacht dar, indem sie meinungsprägend wirken und Händler unter Druck setzen (siehe Teil 3 des Buchs). Sie überspannen Unternehmen und Länder und lösen hocheffektiv sehr spezifische Probleme. Neben den direkten, schon vorhandenen Kunden eines Unternehmens sind es – wie wir gesehen haben – vor allem diese externen Wissensgemeinschaften, die ein Unternehmen für sich gewinnen und verwenden muss, um mehr über den Markt zu wissen als seine Konkurrenten.

Wie kann man den Spalt überwinden?

Bisher besteht noch der historische Spalt zwischen dem Unternehmen und dem Markt: Das Unternehmen produziert oder stellt eine Dienstleitung zur Verfügung, der Markt konsumiert und kann nur dadurch Einfluss nehmen, indem er ein Produkt abnimmt oder eben nicht. Der Trend geht aber in die Richtung einer kooperativen Arbeit zwischen Kunden und Unternehmen, die in einem ständigen, gemeinsamen Lernprozess Produkte und Dienstleitungen entwickeln. Wie überwinde ich als Unternehmen den Spalt, öffne die Mauer, gebe Zugang? Wie mache ich den Wissensfluss durchgängig?

Der erste Schritt ist sicherlich die stärkere Einbindung existierender Kunden. Dazu bieten sich von der Marketing-Seite die *One-to-One-* und *Intracommerce-Tools* an, die dazu dienen, die Bedürfnisse einzelner Kunden immer genauer kennen zu lernen. Mit diesem Wissen versehen, kann das Unternehmen die speziellen Anforderungen fortwährend erfüllen und macht es dem Kunden so besonders schwer, zu einem Konkurrenzunternehmen zu wechseln. Mit One-to-One und Intracommerce steigt das Unternehmen in den gemeinsamen Lernprozess mit individuellen Kunden ein. Co-Design macht z.B. Kunden zu Mitentwicklern im Unternehmen.

In Bezug auf Unternehmensprozesse und Qualitätsmanagement ist insbesondere das *Quality-Function-Deployment* zu nennen, bei dem das Unternehmen seine Prozesse so organisiert, dass es genau die kommunizierten Kundenanforderungen erfüllen kann.

Ansätze der *Mass-Customization* mit ihrem modulareren Aufbau der Produktion können auf der Fertigungsseite die Flexibilität erzeugen, die ein Unternehmen benötigt, um in Zukunft schneller auf Kundenanforderungen zu reagieren oder im Falle des *Co-Design* sogar mit Kunden zusammen die Gestaltung von Produkten zu entwickeln. Welche dieser Tools bei einem Unternehmen wirklich in welcher Form zum Einsatz kommen, kann nur nach einer strategischen Prozessanalyse geklärt werden.

Diese Methoden sind alles Schritte, um *bestehende* Kunden besser bedienen zu können. Wie aber schafft es ein Unternehmen, langfristig das beste Wissen des Marktes für sich zu nutzen? Wie kann es das Wissen, die Einstellungen und die Erwartungen des gesamten Marktes so genau kennen, dass es nicht nur über existierende Kunden, sondern auch über alle potenziellen Bescheid weiß?

Der Schlüssel zum Gestalten des Übergangs liegt in einer Verbindung der Communities of Practice im Unternehmen mit den Virtual Communities außerhalb des Unternehmens.

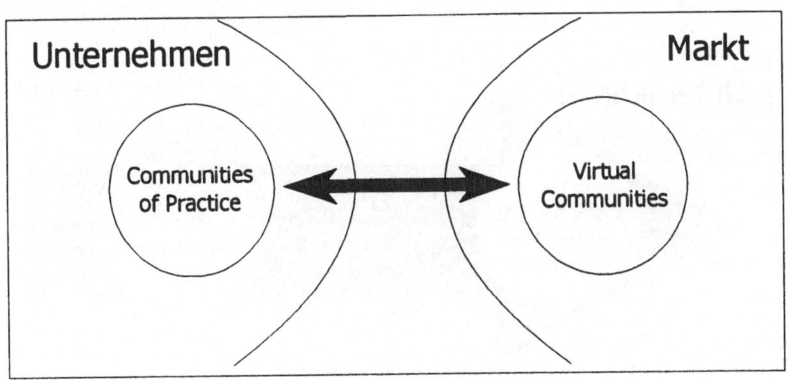

Abb. 25: Communities überwinden den Spalt

Diese Verbindung wird offensichtlich durch die beschriebenen Eigenarten der Online-Kommunikation erleichtert: Durch den Einfluss der digitalen Medien verschwimmen die Rollen des Angestellten und des Kunden jetzt schon immer stärker. Schon jetzt werden viele Mitglieder einer Community of Practice also zu einem bestimmten Thema auch in der Virtual Community zu dem gleichen Thema tätig sein, um immer auf dem neusten Stand zu sein . Das sollten Sie als Unternehmer bei Ihren Mitarbeitern in jedem Fall fördern und ermutigen! Menschen, die im heutigen stark flexibilisierten, professionellen Umfeld arbeiten, verbinden Ihre Identität stark mit ihrer jeweiligen Tätigkeit und suchen deswegen die Gemeinschaft von Partnern im gleichen Feld. So hart es für das Management eines Unternehmens ist: Viele Mitarbeiter identifizieren sich erheblich stärker mit ihrer Profession als mit dem Unternehmen. Und das ist gut so! Echtes *Benchmarking* – also die Orientierung am jeweils Branchenbesten – ist kaum möglich, wenn die einzelnen Mitarbeitern nicht mit Hilfe der virtuellen Communitites nach dem Besten in ihrer Profession streben.

Die Verbindung zwischen dem Wissen des Unternehmens und dem Markt entsteht also schon. Das Unternehmen sollte diese Entwicklung erkennen und lernen, sie für sich zu nutzen.

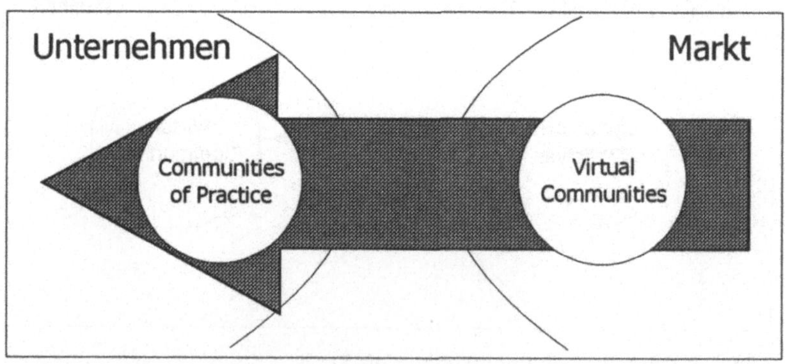

Abb. 26: Das Wissen der ganzen Welt nutzen

Die Kunst liegt darin, das eigene Unternehmen zu einem Attraktor für Wissen zu machen. Das Wissen des Marktes wird in klassischer Intracommerce-Philosophie in das Unternehmen hineingezogen, indem sich die beiden Communities verbinden und jeder, der in einem bestimmten Feld kompetent sein will, einfach den Weg zu Unternehmen XYZ nehmen muss.

Nach der Entwicklung der internen Communities of Practice liegt die Aufgabe also darin, gezielt äußere Virtual Communities zu erzeugen, zu betreuen und mit den internen Communities zu verbinden.

Wie werden die Prozesse verbunden?

Die bisher beschriebenen Schritte führen im wesentlichen zu einer stetigen Entwicklung des *impliziten* Wissens des Unternehmens, also des wenig formalisierten, unbewussten Wissens einer Organisation. Die beiden Communities haben zwar auch ganz praktische Eigenschaften, schließlich lösen die Mitglieder gemeinsam Alltagsprobleme, aber der Fluss des Wissens ist noch nicht in gezielte Bahnen gelenkt. Der nächste Schritt wäre also eine Prozessanalyse, die alle relevanten, durch die Communities ermöglichten Inputs analysiert. Darauf aufbauend werden die Prozesse neu designed, um das erhaltene Wissen genau an die relevanten Stellen des Unternehmens fließen zu lassen.

Wie bindet man nun das Wissen des Marktes in das eigene Wissensmanagement ein? Schaut man sich noch einmal das Schaubild über die Wege des Wissens an, dann wird schnell klar, dass Marktwissen mit den anderen großen Quellen von Wissen wie z.B. der Erzeugung neuen Wissens gekoppelt werden muss. Die Verbindung mit der Erzeugung wirklich neuen Wissens (Innovation) ist eine wunderbare Möglichkeit, die Attraktorwirkung eines Unternehmens zu erhöhen. Neue Ansätze werden in den Communities getestet und Feedback fließt zurück.

Erste Möglichkeiten der unternehmensweiten Kopplung von Wissen liegen insbesondere in der Verbindung mit den virtuellen Teams, die Wissen für spezielle Problemlösungen fallweise bündeln, und im *distributed learning* (insbesondere in Form der gleich noch vorzustellenden *Virtual-Corporate-University)*, das dazu dient, Wissen des Unternehmens schnell in der ganzen Organisation vermittelbar zu machen.

Distributed Learning - Die Online Universität

Die Fernwirkung der Klöster . . .

Zu Zeiten des europäischen Mittelalters war die großflächige Vermittlung von Information sehr eingeschränkt. Die Druckerpresse war noch nicht erfunden, RTL noch nicht auf Sendung. Wollte man etwas lernen, musste man entweder Jemandem zuhören, der Bescheid wusste, oder man musste sich eines der raren Bücher besorgen.

Diese Bücher (sie waren wirklich rar: von einigen Exemplaren der griechischen Philosophie gab es europaweit nur ein oder zwei Exemplare) entstanden in einem aufwendigen Prozess. Dabei stand vorn in einem großen Raum ein Vorleser, der das einzige vorhandene Exemplar laut vorlas. Hinter Bänken saßen fleißige Schreiber und schrieben genau auf, was sie hörten. So entstanden langsam aber beständig Kopien der Bücher und damit des in ihnen enthaltenen Wissens. Mit der Zeit wurden Druckerpresse und Privatfernsehen erfunden, aber die Methode der Wissensvermittlung blieb. Das Skriptorium des Mittelalters hieß jetzt Hörsaal oder Seminarraum, aber sonst blieb alles wie es war:

Auch heute noch steht vorn im Raum ein Wissender mit einem Konzept, trägt laut vor und hinter den Bänken sitzen zahlreiche Zuhörer und schreiben genau mit, was sie hören. Daran ändert sich auch nichts, wenn in Business Schools mit "Case-Studies" gearbeitet wird und die Studenten dabei gelegentlich selber etwas arbeiten dürfen. Das Prinzip ist seit dem Mittelalter gleich geblieben.

Auch die Ausbildung in Unternehmen folgt diesem Schema aus längst vergessener Zeit: In regelmäßigen Abständen werden einige Mitarbeiter zusammengerufen, gemeinsam an einen anderen Ort geschickt, der manchmal viele tausend Kilometer vom Arbeitsplatz entfernt ist. Dort angekommen, werden sie in einen Raum gesetzt und die neuzeitliche Variante des mittelalterlichen Vorlesers vermittelt ihnen feststehende Lehrinhalte. Nach einigen Tagen fahren alle wieder nach Hause, vergessen schnellstmöglich das Gelernte, schließlich veraltet es so schnell, dass es auf die realen Gegebenheiten schon gar nicht mehr passt.

Das Unternehmen ist dadurch um viele tausend Mark ärmer, hat für einige Tage erheblich weniger Mitarbeiter und fragt sich, ob das vermittelte Wissen eigentlich das für den Alltag relevante war. Eine Woche später ist neues Wissen gefragt, aber die nächste Vorlesung ist ja erst nächstes Jahr . . . Wieso hält sich überhaupt noch jemand an die Lehrvoraussetzungen des Mittelalters?

. . . und die digitale Reformation

Diese problematische Basis unserer Ausbildungswelt bekommen Unternehmen natürlich auch zu spüren. Schicken sie ihre Mitarbeiter einmal im Jahr auf einen Schulungskurs, verlieren sie die entsprechenden Manntage, bekommen sehr oft Schulungsinhalte, die gar nicht den Unternehmensanforderungen entsprechen, und . . . das Wissen ist nach zwei Monaten wieder veraltet. Die alte Kathedermethode funktioniert nicht mehr.

Dabei schreit die gegenwärtige Situation eigentlich nach schneller, zeitgemäßer Ausbildung. Viele Konzerne sind stark im internationalen Umfeld tätig und versuchen verzweifelt, über alle Kontinente hinweg einen einheitlichen Auftritt und weltweite Standards zu garantieren. Haben sie an einer Stelle mit der Ausbildung angefangen, hat sich an anderer Stelle die Welt schon verändert.

Noch dramatischer wird die Situation durch die vielen Mammut-fusionen zur Jahrtausendwende. Ein Unternehmens-Zusammen-schluss erfordert aber, dass Mitarbeiter beider Unternehmen schnell über gemeinsame Sprache, Methoden, Techniken oder gemeinsames Auftreten verfügen. Wie wollen Sie das mit herkömmlicher Ausbildung bewirken?

Eine mögliche Methode ist, dass die Unternehmen die Ausbildung selber in die Hand nehmen und eine Art eigene Business-School gründen. Dort können sie selbst dafür Sorge tragen, dass die gelehrten Methoden den Unternehmenszielen entsprechen.

Ein klassisches Beispiel ist Crotonville, das Management Development Institute des GE-Konzerns. Als „Harvard von Corporate America" bezeichnet, werden dort GE- Führungs-kräfte an einem zentralen Ort mit den Methoden und Prinzipien von Führung bei GE vertraut gemacht. Internationale Trainer von Business-Schools werden für Seminare verpflichtet und halten das GE- Managementwissen auf aktuellem Stand.

Eine solche *Corporate University* teilt aber einige Probleme mit dem klassischen Ansatz: Auch hier sind die Mitarbeiter für einige Zeit dem Arbeitsprozess entzogen und das Wissen wird nur in längeren Zeitabständen vermittelt. Dies ist zwar sicherlich sinnvoll, aber es fehlt dabei nach wie vor die Vermittlung von Wissen parallel zur Arbeit, die sehr direkt an den brandaktuellen Anforderungen orien-tiert ist. Ausbildung realtime und just-in-time.

Die wirkliche Reformation beginnt erst mit der Einführung des Intra-net zur unternehmensweiten Personalentwicklung und der Weiter-entwicklung der Corporate University zur *Virtual Corporate Univer-sity,* zur Online-Universität also.

Öffentliche Universitäten sind diesen Schritt schon gegangen. Amerikanische Hochschulen wie die University of Phoenix

150

haben schon jeweils bis zu 10 000 Online-Studenten und verlangen oft für die Online-Ausbildung höhere Gebühren als für
Ausbildungen vor Ort.

Die neuen Aspekte dieser Form von Lernen im Vergleich zum bisherigen Vorgehen sind im folgenden Bild zu erkennen: Man sieht das
nomadisierende Lernen der Vergangenheit, in der Mitarbeiter aus
allen Teilen des Unternehmens an einen zentralen Ort kommen, um
zu lernen, was es da gerade zu lernen gibt, völlig unabhängig von
ihren jeweiligen aktuellen Bedürfnissen.

Das heutige (virtuelle) Modell belässt jeden an seinem Arbeitsplatz,
die Ausbildung erfolgt permanent und arbeitsbegleitend. Inhalte dieser Ausbildung sind zentral steuerbar und jederzeit für alle realtime
aktualisierbar.

Früher

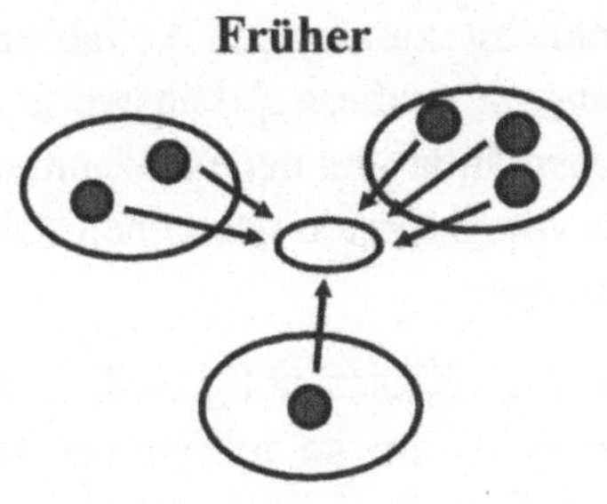

Heute

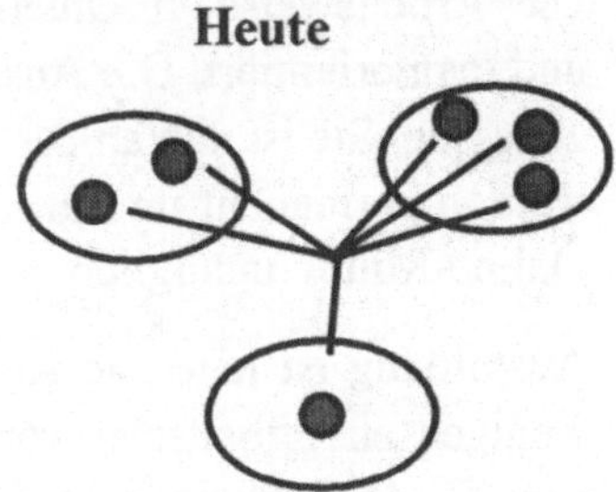

Zentrales Lernen in unregel-
mäßigen Abständen. Anreise
der Mitarbeiter

Permanentes direktes Lernen
über Online-
Konzernuniversität

Abb. 27: Altes und digitales Modell im Vergleich

Wieso richten immer mehr Unternehmen solche Online-Ausbildungs- Systeme ein?

- Wissen und Fähigkeiten sind heute sehr schnelllebig. Die klassische Ausbildung ist nicht schnell und flexibel genug. Unternehmen benötigen eine Ausbildung ihrer Mitarbeiter, die auf permanentes Lernen eingerichtet ist und exakt den spezifischen Anforderungen des Unternehmens entspricht.

- Heutige Unternehmen sind weltweit tätig, mit all den Herausforderungen, die eine solche verteilte Arbeitsweise mit sich bringt. Trotz dieser Strukturen eine einheitliche, aktuelle Ausbildung der Arbeitskräfte zu erreichen, ist nur mit Online-Mitteln möglich.

- Unternehmen haben hohe Qualitätsanforderungen von Seiten des Markts zu bewältigen. Um dieses Qualitätsniveau erreichen zu können, ist konsequente Ausbildung der Mitarbeiter unabdingbar.

- Die Arbeitsweise in Unternehmen ist zunehmend kollaborativ und teamorientiert. Die Ausbildung ist an diese Arbeitsweise anzupassen. Sie ist nah an der Alltagsrealität und neue Erkenntnisse werden permanent im Austausch von Experten gewonnen. Ohne Online-Mittel unmöglich zu realisieren.

- Ausbildung ist teuer. Je weniger dazu Reisen nötig sind, und je weniger an Arbeitszeit verloren geht, um so billiger ist zeitgemäße Ausbildung zu realisieren. Das Ideal ist die Ausbildung parallel zum normalen Arbeitsalltag, an Erfordernissen dieses Alltags orientiert.

- Eine Anforderung des Wissensmanagements in Unternehmen ist das Bündeln von unternehmensweitem, schon vorhandenem Expertenwissen. Eine Online-Einbindung des Expertenwissens in ein Ausbildungssystem macht es unternehmensweit verfügbar und erreicht damit diese Anforderung.

Genügend Gründe für Ford, British Aerospace oder Toyota, mittlerweile über Ihre eigenen globalen Virtual Corporate Universities zu verfügen.

Was sind die Vorteile einer Online-Universität für Unternehmen?

- Das Unternehmen hat eine zentrale, für jeden erreichbare Ausbildungsstätte. Sie erfolgt flexibel und unternehmensweit im unternehmenseigenen Intranet.

- Eine Online-Universität ist verteilt zugänglich, also von jedem nutzbar, egal wo er sich aufhält, aber sie ist zentral aufbaubar.

- Durch ihren zentralen Aufbau ist eine Online-Universität genau nach spezifischen Richtlinien ausrichtbar. Sie ist also z.B. ideal für unternehmensweite Zertifizierungen wie EFQM geeignet.

- Die Lehrinhalte einer Online-Universität sind leicht und direkt zu aktualisieren.

- Die Online-Ausbildung erfolgt asynchron, d.h. es muss nicht jeder gleichzeitig an einen Ausbildungsort, sondern er lernt zeitversetzt, immer wenn er gerade Zeit hat oder bestimmtes Wissen benötigt. Trotzdem kann die Ausbildung in Teams erfolgen.

- Auch neue Mitarbeiter sind ohne Mehraufwand direkt einarbeitbar.

- Eine Online-Ausbildung ist ideal in die Alltagsarbeit eingegliedert.

IBM schätzt, dass durch die Umwandlung von 1 000 klassischen Schulungsstunden in Online-Kurse das Unternehmen 400 000 Dollar spart. Alleine nur die Online-Distribution von 30 Prozent des Schulungsmaterials spart das Unternehmen 120 Millionen Dollar im Vergleich zum klassischen Ansatz.

Der Wissensattraktor

Eine solche Virtual Corporate University wird der zentrale Wissensattraktor eines Unternehmens. Hier findet nicht nur eine hochaktuelle Ausbildung statt. Eine gut eingeführte Online-Uni ist jederzeit der erste Anlaufpunkt. Hier finden sich die neusten Dokumente und Richtlinien, die Übersichten über Lieferprogramme und die Erfahrungen von Kollegen.

Merkt ein Mitarbeiter, dass ihm bei seiner Alltagsarbeit Wissen zu bestimmten Themen fehlt, geht er in die virtuelle Uni und schaut, ob er dort bestimmte Informationen und Erfahrungswerte in den Bibliotheken findet. Muss er tiefer einsteigen, kann er nachsehen, ob es gerade aktuelle Kurse zu seinem Thema gibt. In diesem Fall kann er sich direkt einschreiben und loslegen. Und dass, obwohl gerade mal fünf Minuten vergangen sind und er sich nicht von seinem Platz weg bewegt hat.

Die Online-Universität bietet auch einen hervorragenden Aufhänger für die verschiedenen beschriebenen Formen der kollaborativen Zusammenarbeit wie Communities of Practice oder virtuelle Teams. Die Kommunikation erfolgt schnell und direkt, aber wenn es nötig ist, etwas in die Tiefe zu gehen, steht die Online-Universität mit allem gespeicherten Wissen zur Verfügung. Spezielle Ausbildungskurse sind ein guter Grund zur Gründung von Foren, vielleicht die Keimzelle von zukünftigen Communities.

Wie sieht so eine Lernwelt eigentlich aus?

Ich habe die Virtual Corporate University als Lösung beschrieben, ohne bisher darauf einzugehen, wie so etwas konkret aussieht. Einen Hörsaal oder Seminarraum auf Basis des mittelalterlichen Skriptoriums kann sich fast jeder vorstellen. Aber wie sieht eine Online-Universität aus?

Grundsätzlich gibt es zwei Ausprägungen, von denen es abhängt, welches Aussehen die Virtuelle Uni haben wird: *synchrone* und *asynchrone* Ausbildung.

Eine *synchrone* Ausbildung kommt der klassischen Ausbildung sehr nahe. Alle Beteiligten sind gleichzeitig (also synchron) „anwesend". Ein Trainer oder Ausbilder vermittelt Lehrinhalte oder moderiert Übungen. Die Kommunikation wie Frage/Antwort oder Diskussion erfolgt in Echtzeit, ganz wie wir es aus einem normalen Klassenzimmer gewöhnt sind.

Die bekannteste digitale Variante einer solchen synchronen Ausbildung sind die Trainings auf der Basis von Videokonferenz- Systemen. Die Beteiligten sitzen in einem Raum mit Kameras oder haben eine kleine "Web-Cam" auf ihrem PC stehen.

Aber auch Live-Chats im Internet/Intranet und Business-TV sind synchrone Ausbildungen. Alle diese Systeme haben gemeinsam, dass sich die Teilnehmer gleichzeitig einfinden müssen. Damit sind solche Ansätze zwar sehr direkt und geben das Gefühl unmittelbaren Kontakts, aber sie sind von ihrer Flexibilität her sehr eingeschränkt. Zum einen ist es gerade in weltweit tätigen Unternehmen schwierig, Teilnehmer über alle Zeitzonen hinweg regelmäßig gleichzeitig zur Verfügung zu haben, zum anderen ist das Ideal des am aktuellen Arbeitsalltag orientierten Lernens so nur schwer realisierbar. Der Lernende kann nicht genau dann auf das System zugreifen, wenn er will oder es braucht.

Diese Nachteile sind bei *asynchroner* Ausbildung nicht gegeben. Dort wählt sich der Teilnehmer immer dann in das System ein, wenn er Zeit hat oder eine bestimmte Fähigkeit benötigt. Die Lerninhalte sind so aufgebaut, dass sie – ähnlich einer Fernuniversität – vom Lernenden genau in der Menge und zeitlichen Verteilung abgearbeitet werden können, wie es ihm angemessen erscheint.

Eine solche asynchrone Ausbildung bieten übrigens auch Systeme, die direkt am Arbeitsplatz bestimmte Verfahren vorführen, um ein direktes Learning on the Job zu erleichtern.

So stellt ein Automobilhersteller Terminals in seine Fabrikhallen, auf denen in 3D-Visualisierung den Monteuren der Einbau bestimmter Teile vermittelt wird.

Obwohl die einzelnen Lernenden nicht zeitgleich an der Ausbildung teilnehmen (oder es zumindest nicht merken), kann auch eine asynchrone Ausbildung ein Gruppengefühl herausbilden. So gibt es Online-Universitäten, in denen "Klassenzimmer" Gruppen von Lernenden zusammenfassen. Ihr Aufbau ist mit den Newsgroups des Internet vergleichbar. Nachrichten und Fragen werden unabhängig voneinander eingestellt und beantwortet. So ist die Handhabung flexibel und trotzdem kennt man sich.

Wie kann man jetzt klären, welche dieser Ausbildungsformen angemessen ist? Betrachten Sie dazu das folgende Bild, in dem die Situationen und zeitlichen Phasen dargestellt werden, in denen Unternehmen sich mit bestimmten Ausbildungstools befassen sollten:

- Ist das Ziel eine reine Vermittlung von Wissen („Fakten“), ohne dass eine Diskussion oder individuelle Anpassung nötig ist, sind Broadcast-Tools zu bevorzugen. Sie sind auf den Lehrer fokussiert und bieten für jeden Auszubildenden dasselbe Programm.

- Sollen individuelle Fähigkeiten erweitert werden, muss das Tool eine interaktive Komponente haben, d.h. der Lernende muss selber auswählen und einstellen können. Für solche auf den Lernenden zentrierte Verfahren bietet sich das klassische multimedial unterstützte CBT (Computer-Based-Training) an.

- Wollen Sie wirklich etwas im Unternehmen verändern, dann müssen Sie mentale Modelle ganzer Gruppen erweitern. Sie können also nicht ausschließlich beim Einzelnen ansetzen. Daher müssen Sie kollaborative Tools einsetzen, z.B. asynchrone Ausbildung in Klassenräumen einer Online-Uni. Wir reden in diesem Buch von E-Engineering, also echtem Wandel. Daher bewegen wir uns im äußersten Feld.

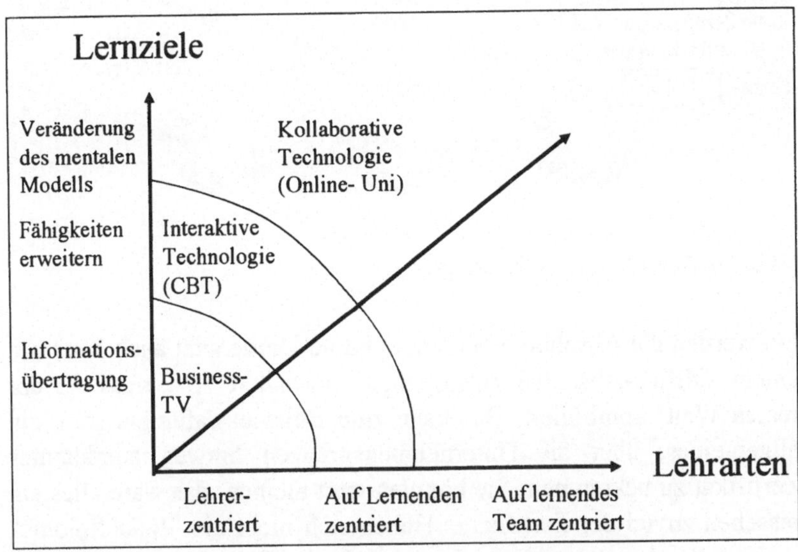

Abb. 28: Ansätze für verschiedene Ziele (Quelle: IBM/Lotus)

Zertifikate und Zertifizierung

Ebenso wie reale Universitäten einen Abschluss zum Ziel haben, sollte auch eine virtuelle Universität eine Zertifizierung oder irgendeinen anderen gearteten Abschluss zum Ziel haben. Ohne einen krönenden Abschluss macht die Ausbildung auch für die Teilnehmer nur halb soviel Spaß.

Ideal ist es, wenn das Gesamtunternehmen selber gerade Bestandteil einer Zertifizierung ist (wie z.B. EFQM). So ergibt sich aus der Zertifizierung für das Unternehmen heruntergebrochen die Anforderung für den einzelnen Mitarbeiter. Der Mitarbeiter trägt also mit seinen Zertifikaten aus der Online-Universität zur Gesamtzertifizierung des Unternehmens bei.

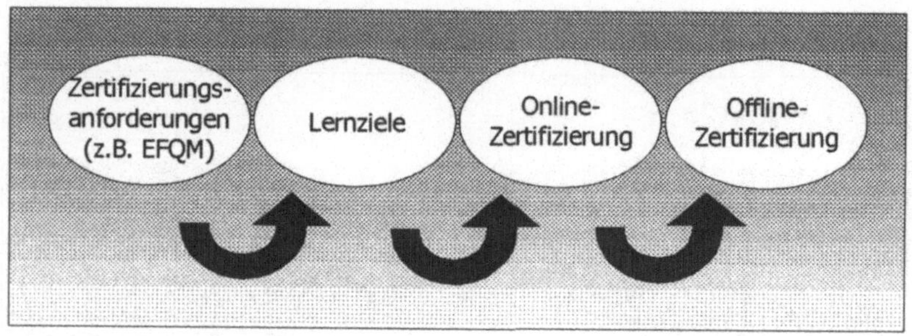

Abb. 29: Aufbau der Zertifizierung

Oft werden die Abschlüsse an einer Online-Universität auch noch mit einem Offline-Abschluß (also einem normalen Abschluss in der realen Welt) kombiniert. Das kann zum Beispiel dafür gut sein, ein allgemeines, über die Unternehmensgrenzen hinweg anerkanntes Zertifikat zu bekommen. Sie könnten jetzt meinen, das wäre alles ein bisschen zuviel der Zertifikate. Haben sich nicht die "Jodeldiplome" im Zeitalter des permanenten Lernens überholt?

Keineswegs! Wieso dies so ist, erfährt man aus praktischer Erfahrung mit der Cyberspace-Kommunikation: Kommunikation in der virtuellen Welt wird von Menschen nur akzeptiert, wenn sie reale Folgen in der normalen Alltagswelt hat. Menschen wollen in der virtuellen Welt etwas lernen (z.B. in der Newsgroup einen guten Tipp bekommen) und in ihrer Alltagswelt sehen, dass dies eine Wirkung hat (sie probieren z.B. den Tipp in ihrem Alltag aus und er funktioniert!).

Ebenso ist es mit den Zertifikaten. Es sieht ja keiner von außen, wenn ein Mitarbeiter in einer virtuellen Welt arbeitet! Also möchte er als Ergebnis etwas haben, was er anderen Menschen zeigen kann. Und dies ist ein Zertifikat. Als angenehmen Nebeneffekt für die Betreiber einer Virtual Corporate University können die Teilnehmer an Online-Kursen durch das Vorzeigen ihrer Zertifikate auch andere dazu motivieren, ebenfalls zum Lernen in den Cyberspace einzusteigen. Das folgende Bild zeigt den Zusammenhang:

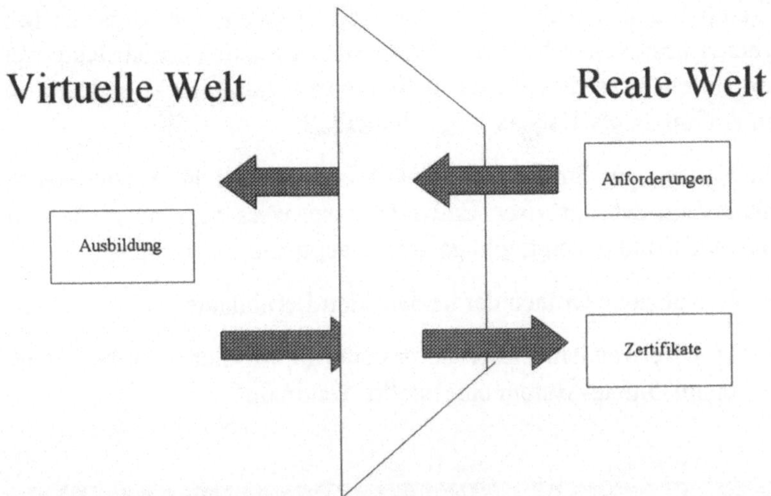

Abb. 30: Virtuelle und reale Welt im Wechselspiel

Mit den Anforderungen aus der realen Welt steigt der Mitarbeiter in die virtuelle Welt der Online-Uni ein. Er führt dort seine Ausbildung durch und kommt danach wieder in die tägliche Arbeitswelt zurück. Versehen mit einem Zertifikat zum Anfassen.

Wie entstehen Inhalte?

Man könnte meinen, dass die eigentlichen Inhalte einer Online-Universität, also Seminare, Lehrtexte, Bilder oder Videos das geringste Problem sind. Die Inhalte sind ja im Unternehmen vorhanden, dafür gibt es Experten, und nach kurzer Zeit hat man dann Online-Seminare. Leider stimmt das so nicht. Einer der Gründe ist, dass Experten meistens keine guten Journalisten oder Trainer sind und daher selten fähig, diese multimedialen Inhalte selber zu entwerfen.

Der wesentliche Grund ist allerdings, dass man sich als Unternehmen zu Anfang gar nicht darüber im Klaren ist, welche Seminare man eigentlich genau haben will. Man weiß meistens nur, dass die Mitarbeiter besser SAP bedienen lernen oder bessere Vertriebsleute werden sollen. Was dieses Ziel in Seminaren ausgedrückt bedeutet, ist am Anfang in der Regel völlig schleierhaft.

Die Konsequenz für die praktische Arbeit ist, dass die Aufstellung der Inhalte ein sehr präziser Entwicklungsprozess sein muss. Wie im folgenden Bild gezeigt, gibt es zwei Hauptprozessschritte:

- Das gezielte Ordnen der bezweckten Lerninhalte.

- Das Verwandeln dieser Lerninhalte in wirklich funktionierende, in ein Online-System eingestellte Seminare.

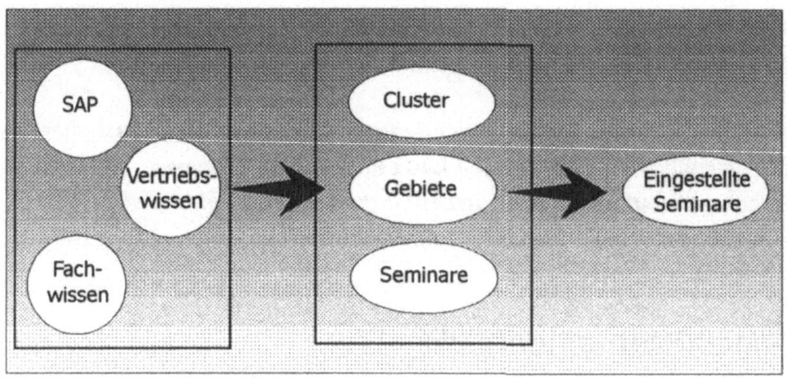

Abb. 31: Vom unscharfen Themengebiet zum fertigen Seminar

Jede Ausbildungsmaßnahme wie „Meine Vertriebsleute müssen ein bisschen mehr über Vertrieb wissen" sollte im ersten Prozess-Schritt strukturiert werden. Was sind die groben *Cluster*, die das beinhalten? Kundennähe? Kommunikationsfähigkeiten? Technisches Wissen? Ein Teil dieser Cluster ergibt sich oft aus den Zertifizierungsanforderungen.

Wenn Sie die Cluster geklärt haben (und das kann schon eine Weile dauern, wie ich Ihnen aus Erfahrung sagen kann!) geht es an die einzelnen *Gebiete* (oder Themen). Nehmen wir an, der Cluster wäre Kommunikationsfähigkeiten. Dann sind mögliche Gebiete Verhandlungstechnik, Verkaufstechnik, Einwandbehandlung u.ä. Alle diese Gebiete werden mit *Lernzielen* versehen, also einer Beschreibung dessen, was die Lernenden auf dem jeweiligen Gebiet mindestens nach Abschluss der Ausbildung können müssen. Auf der Basis dieser Gebiete klären Sie dann die einzelnen Seminare, im Falle unseres Beispiels z.B. Verkaufstechnik I und Verkaufstechnik II.

Jetzt kommt der zweite Prozess-Schritt, in dem Sie diese Seminare wirklich entwickeln. Sie produzieren Texte, Simulationsspiele, Videos oder was auch immer sonst an Medien angemessen erscheint. Und zwar können Sie als Leitlinie für die Inhaltsproduktion die Lernziele nehmen. Das Ergebnis dieses Prozesses ist ein fertiges, lauffähiges Seminar.

Ich werde die organisatorische Durchführung von einzelnen Ausbildungsmaßnahmen gleich noch genauer beschreiben. Aber vielleicht haben Sie ja noch den Einwand, dass so eine strukturierte Methodik etwas übertrieben ist. Selbst wenn die Vorgehensweise auf Anhieb umständlich erscheint, erklärt sie sich aus einem der großen Vorteile der Online- Universität: der zentralen Ausrichtung.

Eine Virtual Corporate University hat als revolutionäre Neuerung, dass Lehrinhalte und Personalentwicklung *zentral* gesteuert werden können, obwohl die Mitarbeiter *dezentral* arbeiten und lernen. Gerade dadurch kommt die hohe Aktualität und Ausrichtung an Unternehmenszielen zustande. Um diese zentrale Steuerung aber auch wirklich zu gewährleisten, müssen von vornherein die angedachten Lernziele sorgfältig durchstrukturiert werden. Man kommt nicht durch spontane Selbstorganisation zu zielorientierten Inhalten.

Wie entsteht Kommunikation?

Ich hatte schon erwähnt, dass die Online-Universität ein idealer Ort ist, um Communitites of Practice und ähnliche Gruppen zu bündeln. Man kann noch weitergehen: Ohne die sprudelnde Kommunikation solcher Gruppen ist das keine Online-Uni, sondern eine verstaubte Ablage für Information. Ohne Kommunikation kein Spaß und keine Energie und damit auch keine Effizienz, keine Aktualität und keine Exzellenz.

Deshalb enthält jede erfolgreiche Online-Universität professionell moderierte *Foren*, die eine Anlaufstelle für Kommunikation, Ideen, Ratschläge bieten.

Foren werden in Online-Unis meistens aus drei Quellen gespeist, wie im nächsten Bild zu sehen ist:

- Communities of Practice, die wir aus einem früheren Kapitel kennen, finden hier einen institutionalisierten Platz für ihren Erfahrungsaustausch.

- Für viele Ausbildungsmaßnahmen mit Abschluss können Sie Alumni-Clubs bilden. Erfolgreiche Teilnehmer der Ausbildung bekommen so Zugang zu einem exklusiven Club, in dem sie die Anwendung des Wissens im Alltag diskutieren können. Solche Alumni-Clubs sind oft eine wichtige Quelle für die Verbesserung und Weiterentwicklung der Seminare auf der Basis konkreter Erfahrung.

- Gerade im Rahmen der Einführung von Prozessorganisationen wurden viele Fachcenter in Unternehmen eingeführt, die Mitarbeiter mit einer Rolle (wie Programmierer oder Accountmanager) bündeln. Dort kann zentral für ihre Ausbildung und Qualifizierung gesorgt werden. Foren in einer Online-Universität sind ein naheliegender Ansatz für die Kommunikation innerhalb solcher Fachcenter.

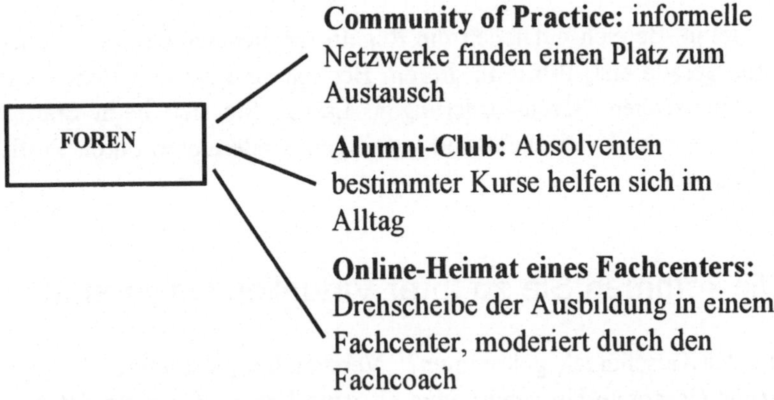

Abb. 32: Drei Sorten von Foren

Sie sollten sich also frühzeitig überlegen, mit welchen Foren Sie Ihre Online-Uni zum Brummen bringen wollen. Kommunikation ist ein überlebenswichtiger Erfolgsfaktor, gerade für die Akzeptanz dieses neuartigen Ausbildungstools.

Also:

- Welche Communities of Practice existieren bei Ihnen bereits, denen Sie in der Online-Uni eine neue digitale Heimat geben könnten?

- Welche Fachcenter sind etabliert? Wie kommunizieren die Mitarbeiter im Fachcenter bisher?

- Gibt es Ausbildungen mit einem Zertifikat, die Basis für einen exklusiven Club bilden könnten?

Starten Sie baldmöglichst die ersten Foren und lassen Sie diese gezielt moderieren! Die Moderation solcher Foren will allerdings gelernt sein. Das ist ebenso wenig eine Trivialität, wie es die professionelle Moderation von Meetings oder Konferenzen ist. Im Bereich der normalen betrieblichen Kommunikation haben uns alle einige Jahrzehnte Moderationstraining genügend sensibilisiert.

Im Online-Bereich entstehen die Regeln für elegante Online- Moderation gerade erst, Profis in diesem Bereich sind rar und stehen vor ganz neuartigen Herausforderungen. Lassen Sie sich beim Starten Ihrer Foren im Zweifelsfall die jeweiligen Moderatoren durch Profis ausbilden.

Wie kommen Sie zu Ihrer Virtuellen Universität?

Auf den Geschmack gekommen? Verständlich, schließlich ist eine Virtual Corporate University eine elegante Lösung für viele Schwierigkeiten in der Personalentwicklung heutiger Unternehmen. Es ist allerdings auch ein umfangreiches Projekt, das über einen langen Zeitraum zielorientiert gemanagt werden muss. Ich habe daher aus meinen eigenen Erfahrungen und einigen amerikanischen Case-Studies heraus ein Vorgehensmodell entwickelt, wie ein Projekt ausgesetzt sein sollte, das Sie zu Ihrer Online-Universität führt. Das Vorgehensmodell besteht aus zwölf Stufen, wie Sie in Abb. 33 sehen können.

Die einzelnen Stufen sind Schritte in einem Projekt, das einige Manpower und begleitendes Change-Management erfordert. Ich werde die einzelnen Schritte in diesem Buch nur kurz anreißen, sie dienen als erste Orientierungshilfe für eine genauere Planung des Projekts.

Sehen wir uns die einzelnen Schritte an:

Management Governance: Eine Online-Universität benötigt Top-Management-Support. Wenn diese beständige Unterstützung der oberen Führungsmannschaft nicht gegeben ist, werden Sie kaum den langen Atem haben, der für eine Bewältigung dieses Projektes nötig ist. Außerdem werden sich möglicherweise zahlreiche Teilprojekte bilden, die eine Zersplitterung der Wirkung ermöglichen.

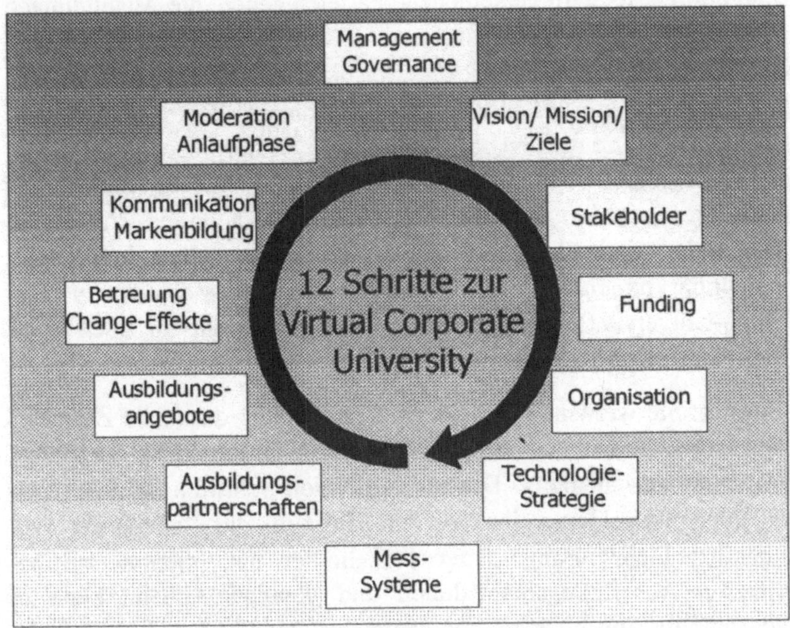

Abb. 33: Vorgehensmodell zur VCU

Zu Anfang müssen Sie sich also ein Gremium aus oberen Führungskräften zusammenstellen, die sozusagen die oberste Regierung der Online-Universität darstellen. Sie geben Rückhalt und arbeiten die strategische Ausrichtung aus. Management Governance kann übrigens nicht nur von unternehmensinternen Personen wahrgenommen werden, auch Externe wie z.B. Universitätsprofessoren können durch den distanzierten Blickwinkel sehr zur Stabilität der Online-Universität beitragen.

Vision/Mission/Ziele: Ein Universitätsprojekt ohne klar formulierten Überbau wird schnell aus dem Ruder laufen. Sie müssen klären, welche Effekte Sie für Ihr Unternehmen erreichen wollen, welches Leitbild Ihnen vorschwebt. Dabei ist es in der Regel nicht mit einer flüchtig skizzierten Vision getan. Zu empfehlen wäre ein intensiver Zielfindungsworkshop mit allen relevanten Führungskräften.

Stakeholder: Es wird verschiedene Parteien geben, die Ausbildungen in der Online-Universität ausführen und von ihr profitieren. Dies sind die Stakeholder dieses Projekts. Beispiele sind Vertriebschefs, die ihre Vertriebsleute beständig ausbilden können, Personalentwickler, die ihre Arbeit zentral besser steuern können oder Produktionsleute, die Montagemethoden vermitteln. Alle diese Stakeholder prägen durch ihre Anforderungen die Ausrichtungen der Online-Universität. Stakeholder sind nicht auf das Unternehmen selber beschränkt, schließlich können Sie auch Geschäftspartner oder Kunden in Ihrer Online-Universität ausbilden. Viele Modelle aus diesem Buch legen eine solche enge Zusammenarbeit nahe.

Funding: Sie werden kaum durchsetzen können, dass „die Zentrale" Ihre Universität aufsetzt und alle anderen im Unternehmen sie nutzen. Das wäre auch unsinnig. Die im vorherigen Schritten erfolgte Analyse der Stakeholder ergibt eine gute Basis für die Planung der fortlaufenden Finanzierung. Jeder Stakeholder hat Interesse an bestimmten Ausbildungsmaßnahmen und dementsprechend kann er auch anteilig zur Finanzierung herangezogen werden. So kann die Finanzierung einer Virtual Corporate University über verschiedene Gruppierungen erfolgen. Im Extremfall können sogar Partnerunternehmen zur Finanzierung beitragen, indem sie Mitarbeiter in Ihrer Universität ausbilden lassen.

Organisation: Jetzt ist es an der Zeit, die Organisation der Universität zu klären. Dies erfordert einige Detailarbeit:

- Welche Mitarbeiter betreuen welche Bereiche?

- Wie wird ständiger Informationsfluss sichergestellt?

- Wer betreut das Aufsetzen neuer Ausbildungsmaßnahmen?

- Wie wird die Verwaltung der Finanzmittel durchgeführt?

- Welche Projektteams werden aufgesetzt? Mit welchen Zielen?

- Wie sieht der Zeitplan aus?

Technologie-Strategie: Software-Verkäufer werden Ihnen sicherlich etwas anderes sagen, *aber erst jetzt ist es Zeit für eine Technologie-Strategie*. Erst nachdem die oberen Schritte abgearbeitet sind, macht es Sinn, sich zu überlegen, welche Technologie eingesetzt wird. Es ist sinnvoll, einen Anforderungskatalog auf der Basis der bisherigen Ergebnisse aufzusetzen und damit eine Marktübersicht aufzustellen. Für fast alle Anforderungen gibt es fertige Systeme auf dem Markt. Seien Sie vorsichtig mit Eigenentwicklungen! Investieren Sie lieber Zeit und Geld in Organisation und Inhalte.

Mess-Systeme: Ihre Online-Universität hat bestimmte Ziele. Jetzt müssen Sie ein Zielsystem entwickeln, das sicherstellt, dass diese Ziele auch erreicht werden. Ein solches Zielsystem wird sicherlich hierarchisch aufgebaut sein, d.h. es gibt Ziele für Ausbildungsmaß-nahmen ebenso wie Ziele für die komplette Universität. Das Zielsystem muss einen Zeitrahmen aufweisen, Messwerte für jedes Ziel und festgelegte Messverfahren. Wenn Ihr Zielfindungsworkshop professionell moderiert ist, sollte sichergestellt sein, dass alle Ziele messbar sind.

Ausbildungs-Partnerschaften: Es ist Zeit, daran zu denken, wie Sie zu Ihren Inhalten kommen, wer also die eigentlichen multimedialen Lehrinhalte formuliert und produziert. Es ist natürlich denkbar, diese Inhalte durch Experten im eigenen Unternehmen produzieren zu lassen. Aber wie schon weiter oben angedeutet, gibt es dabei einige Hindernisse:

- Die Experten, die man haben will, sind meistens zeitlich zu eingespannt, um Lehrmaterial zu produzieren.

- Die meisten Experten haben weder eine journalistische noch eine didaktische Ader. Das Material muss also in der Regel überarbeitet werden.

Daher suchen Unternehmen oft für die Produktion der Inhalte Ausbildungspartnerschaften mit Spezialisten. Dazu gehören z.B. renommierte Universitäten, die Ausbildungskurse für Unternehmen durchführen. Aber auch Partnerschaften mit Medienunternehmen sind denkbar.

Eine besondere Form der Ausbildungspartnerschaft sind Partnerunternehmen, die fertige Ausbildungseinheiten beisteuern. So kann z.B. ein Lieferant ein Ausbildungsprogramm in Ihrer Universität anbieten, dass den fachgerechten Einsatz der an Sie gelieferten Güter oder Dienstleistungen beschreibt. In dieser Stufe sollten Sie sich zu den Universitätszielen passende Ausbildungspartnerschaften überlegen, um für die spätere Aufstellung der Ausbildungsmaßnahmen den richtigen Rahmen zu haben.

Ausbildungsangebote/ -produkte: Die Ausbildungsangebote sollten klassisch wie im Produktmarketing aufgesetzt werden. Sie untersuchen also zusammen mit den Stakeholdern die Zielgruppe für eine Ausbildung und setzen eine sogenannte Ausbildungsmaßnahme auf. Ich werde später darauf eingehen, wie eine Ausbildungsmaßnahme genau realisiert wird.

Betreuung Change-Effekte: Eine Virtuelle Universität sollte in Ihrem Unternehmen eine Menge Effekte hin zu mehr Wandel bewirken. Mitarbeiter lernen neue Kommunikationsformen jenseits der Hierarchie, die Arbeit in virtuellen Teams und die Verwendung von Echtzeit-Informationen in ihrer alltäglichen Arbeit. Dadurch werden einige Fragen bei den Mitarbeitern aufgeworfen und sicherlich kommt auch einiges in Gang, was Sie so nicht vorausgesehen haben. Diese Change-Effekte müssen beachtet und professionell moderiert werden. Sonst verpufft ein großer Teil dieser Veränderungsenergie ungenutzt oder wendet sich gegen Sie.

Kommunikation/Markenbildung: Jetzt, nachdem Sie eine Virtual Corporate University haben, müssen Sie Ihren Mitarbeitern die Sache schmackhaft machen und insbesondere den Zielgruppen für die ersten Ausbildungsmaßnahmen den Mehrwert dieser Ausbildungsmethode vermitteln. In Werbeausdrücken gesprochen, müssen Sie die Universität als Marke in Ihrem Unternehmen platzieren. Ihre PR-Abteilung, gepaart mit externen Change-Coaches, sollte in dieser Phase Bestandteil des Projektteams werden.

Start/Moderation der Anlaufphase: Der große Moment ist gekommen! Die Universität wird virtuell eröffnet und die ersten Ausbildungsmaßnahmen laufen an. Neben einer angemessenen Eröffnungsveranstaltung sollte gerade auf die Betreuung der Anlaufphase große Sorgfalt verwendet werden. Jetzt entscheidet sich, ob die Universität von Ihren Mitarbeitern angenommen wird. Moderieren Sie die ersten Schritte und legen Sie besonderen Wert auf gute Feedbackmöglichkeiten, so dass Rückmeldungen schnell zu den relevanten Leuten weitergeleitet und beantwortet werden. In dieser Phase können Sie noch eine Menge Anpassungen vornehmen und die Ideen der ersten Testpersonen nutzen. So gut Sie auch geplant haben: Um eine Feinabstimmung werden Sie nicht herumkommen.

Jetzt haben Sie den Zyklus *einmal* durchlaufen. Es sollte Ihnen allerdings klar sein, dass dies ein immer wiederkehrender Prozess ist. Es wird neue Ziele geben, neue Stakeholder und neue Technologien. Machen Sie in regelmäßigen Abständen Review-Treffen, die das bisher Erreichte aufzeigen und Veränderungsenergie für neue Ziele freisetzen.

Eine gut aufgesetzte Virtual Corporate University wird fast wie ein lebendiges Wesen sein, sich fortentwickeln und durch die Menschen geprägt werden, die sie besuchen. Sie wird eine Geschichte entwickeln und auf den realen Gängen Ihres Unternehmens wird man sich erzählen, was sich schon wieder so alles im Cyberspace ereignet hat . . .

Wie führt man Ausbildungsmaßnahmen durch?

Ich habe beschrieben, wie Sie die Grundstruktur einer Virtual Corporate University aufsetzen können. Wie kommen Sie jetzt zu den konkreten Ausbildungsmaßnahmen? Zuerst: Was ist eigentlich eine Ausbildungsmaßnahme?

Eine Ausbildungsmaßnahme zeichnet sich durch eine Zielgruppe, ein oder mehrere Lernziele und ein Zeitfenster aus.

Schließlich wollen Sie nicht beliebige Ausbildungskurse aufsetzen, zu denen geht, wer gerade Lust darauf hat (obwohl dies in der betrieblichen Weiterbildung durchaus ein beliebtes Vorgehen ist). So eine Vorgehensweise wäre zuwenig zielgerichtet.

Eine Ausbildungsmaßnahme bedeutet z.B., Ihre Vertriebsleute (Zielgruppe) innerhalb des nächsten Quartals (Zeitfenster) in der gezielten Verhandlungstechnik zu schulen und damit besser qualifizierte Abschlüsse zu erzielen (Lernziel). Die Vorgehensweise zur Aufstellung einer Ausbildungsmaßnahme orientiert sich an Schema in Abb. 34:

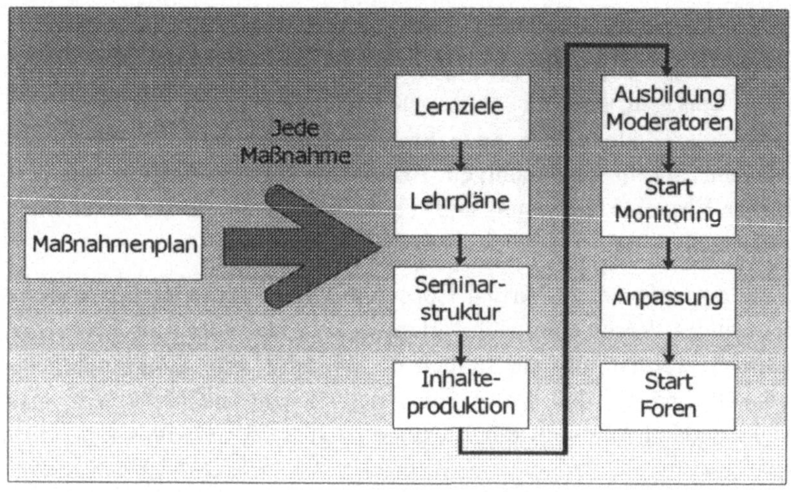

Abb. 34: Erstellen einer Ausbildungsmaßnahme

Darin können Sie sehen, dass es eine Reihe von Maßnahmen gibt, die Sie bei der Festlegung Ihrer Ausbildungsangebote beschlossen haben. Jede dieser Maßnahmen führt zu einer eigenen Kombination aus *Lernzielen* und darauf aufbauenden Lehrplänen. So müssen die Vertriebsleute aus unserem Beispiel für das Erreichen des Lernziels

170

„Bessere Qualifizierung" einige Fähigkeiten und Methoden erlernen wie z.B. Einwandbehandlung, Ausqualifizierung, Fragtechnik usw. Diese bilden zusammen den *Lehrplan*. Erst an dieser Stelle setzen Sie wirklich konkrete *Seminare* auf. Oft wird umgekehrt vorgegangen: Jeder überlegt sich, welche Seminare er gerne in der Universität sehen würde und daraus wird dann ein Lehrplan zusammengesetzt. Dies kann zwar eine kreative Vorgehensweise sein, aber eine so geplante Ausbildungsmaßnahme ist sehr schwer auf Zielkurs zu halten.

In der hier dargestellten Vorgehensweise klären Sie erst die Ziele, um dann die Seminare aufzustellen, die genau dazu dienen, diese Ziele zu erreichen. Dann geht es an die Umsetzung. Für die *Inhalteproduktion* gilt das bereits Gesagte: Versuchen Sie nicht zwanghaft, Fachleute aus Ihrem Unternehmen zu Journalisten zu machen. Legen Sie lieber eine Methodik fest, bei der die Experten Strukturen und wesentliche Punkte des Seminars festlegen und die multimediale Umsetzung durch professionelle Texter und Graphiker erfolgt.

Ein oft unterschätzter Punkt ist die *Schulung von Moderatoren*. Sie werden sie in der Universität an vielen Stellen brauchen: in Foren, in virtuellen Klassenräumen oder in den Feedback-Funktionen. Die Online-Moderation hat im Vergleich zur klassischen Moderation eine Reihe von Eigenarten. Um Kommunikation in der Virtuellen Universität effektiv zu gestalten, sollten die entscheidenden Mitarbeiter Ihres Unternehmens vorab durch Spezialisten in Online-Moderation geschult sein. Die weitere Abwicklung ist vergleichbar der Gesamtuniversität: die Ausbildungsmaßnahme wird in einer Pilotgruppe gestartet, durch Feedback angepasst und dann in der Breite eingeführt. Zur Maßnahme passende Foren werden etabliert.

Dies soll als Einführung in die Virtuelle Universität genügen und Ihnen genug Motivation und Anhaltspunkte für das Starten eines eigenen Projektes geben. Abschließend für diesen Buchteil aber noch einige Ausblicke auf die Zukunft der Wissensentwicklung im 21. Jahrhundert, basierend auf einigen meiner etwas visionäreren Projekte mit Unternehmen!

Die Zukunft der Virtuellen Ausbildung

Die Zukunft des digitalen Lernens liegt in zwei Bereichen: dem *Training für Unternehmen*, bei dem zunehmend Unternehmenssituationen und Personalentwicklungen mit Hilfe digitaler Medien realisiert werden, und dem *Training zur individuellen Entwicklung*.

Beim Training für Unternehmen werden ganze Teilbereiche der Unternehmen oder der alltäglichen Arbeit in einer Simulation modelliert. So kann man z.B. die gesamte Prozesswelt, die Verbindung mit anderen Unternehmen oder die Auswirkung bestimmter strategischen Handlungen in einer virtuellen Welt abbilden und mit den verschiedenen Optionen spielen. Spielen ist schon das richtige Wort, selbst wenn es in den Bereichen der ernsthaften Wirtschaft selten so gebraucht wird. Denn wir können gerade im Bereich der anspruchsvollen Computerspiele eine Menge über die zukünftige Entwicklung von Trainingsmethoden in Unternehmen lernen.

> In den Computer-Spielen *Anno 1602* und *Siedler* kann man z.B. funktionierende Prozesse und die vielfältigen Wechselwirkungen zwischen einzelnen Teilen einer Wirtschaftseinheit einüben. Der Müller liefert darin an die Bäckerei und der Bäcker an den Markt. Geld- und Produktfluss sind sorgfältig modelliert. Ist nicht alles vom Spieler sorgfältig aufeinander abgestimmt, kann er nicht gewinnen.

Manager in großen multinationalen Konzernen stehen vor einer ähnlichen Herausforderung: Wechselwirkungen über den ganzen Globus bestimmen das Gelingen ihrer Strategien und vielfältige Schnittstellen zwischen den Unternehmensprozessen steigern die Komplexität so ungeheuer, dass ein einzelner Mitarbeiter mittels linearem Denken kaum mehr die Auswirkungen seiner Aktivitäten begreifen kann. In immer besseren Simulationen wird er lernen, mit vielen Einflussfaktoren gleichzeitig umzugehen und zu erkennen, wie ein Gesamtunternehmen tickt.

Im Computerspiel *Alpha Centauri* sind einige zusätzliche Einflussfaktoren berücksichtigt, die für heutige globale Manager zunehmend an Bedeutung gewinnen. Dort wird der Einfluss gesellschaftlicher Modelle und technologischer Enabler in die Spielsituation eingefügt. Es gibt Grüne und religiöse Gruppen ebenso wie klassischen Kapitalismus oder kollektive Organisationen. Der Erfolg im Spiel hängt davon ab, wie gut welche Gruppierung die technologischen Errungenschaften nutzen kann.

Eine Anwendung dafür in unserer realen Wirtschaftswelt ist das Internet. Auch in diesem Bereich waren die USA schnell führend, weil sie die Technologie sofort sehr umfassend nutzten und zahlreiche Anwendungsmöglichkeiten erfanden. Länder wie Japan, wo es für den Einzelnen ungewöhnlich ist, sich direkt zu produzieren, taten sich mit einer Technologie, die direkte Kommunikation auf ihre Fahnen geschrieben hat, um einiges schwerer.

Digitale Ausbildung in Unternehmen wird also immer weniger bedeuten, einzelne Teilabschnitte nacheinander genau zu erlernen, sondern in eine Simulation geworfen zu werden, in der alle Einflussfaktoren gleichzeitig wirken und der Trainierende mit dieser Komplexität umgehen muss.

Oft wird dazu eingewandt, dass diese Spielsituationen ja nicht echt wären, die Wirklichkeit also doch ganz andere Verhaltensweisen hervorbringen würde. Dieser Gesichtspunkt ist wichtig, schließlich kennen Trainer die begrenzte Aussagekraft von Rollenspielen. Auch da ist die Verhaltensweise in einer Spielsituation natürlich bis zu einem gewissen Grade künstlich.

Die digitale Simulation nutzt aber eine ganz bestimmte Entwicklung der letzten Jahre: Der größte Teil unserer wirtschaftlichen Handlungen ist schon lange virtuell. So werden die großen Finanzgeschäfte ausschließlich über elektronische Terminals abgewickelt, außerdem beruhen sie selten auf echten Werten, sondern nur auf einem elektronischen Anrecht auf einen Wert. Die Schweinehälften, die an der

Chicagoer Börse gehandelt werden, tauchen bei kaum einem der Käufer jemals wirklich auf. Woher wissen Sie also, dass es die Schweinehälften wirklich gibt?

Das Terminal, das Ihnen beim Kauf oder Verkauf hilft, sieht auch nicht großartig anders aus als eine Spielkonsole. Ihre Tätigkeit ist sehr ähnlich, der Kontext ebenfalls, selbst wenn bei der wirtschaftlichen Tätigkeit Folgen in der Welt auftreten und beim Computerspiel eben nicht. Ebenso verhält es sich mit ernsthafter Software wie SAP, die alle Unternehmensdaten miteinander verknüpft und sie von allen möglichen Stellen zugänglich macht. Auch hier sehen Sie als Anwender nicht das Unternehmen, sondern nur ein elektronisches Abbild. Selbst die höchsten Manager der Konzerne beschäftigen sich also mit Abbildern von ihrem Unternehmen und vertrauen darauf, dass eine wirkliche Aktivität dahinter steht.

Eine Prozesswelt zu simulieren oder sie wirklich zu beeinflussen macht also kaum einen Unterschied in dem, was Sie konkret tun. Und daher sind ausgeklügelte Simulationen ein idealer Weg für zukünftige Trainings. Außerdem sind die hervorragenden 3D- Welten der besten Computerspiele schon lange eine erheblich realere Erfahrung als die Eingangsmaske von SAP R/3. Ich arbeite in einem Team an der Realisierung von Computerspielen zum Einüben von Prozess- und Gesamtunternehmensdenken.

Der andere große Bereich des digitalen Lernens wird in der *Ausbildung individueller Fähigkeiten und Ressourcen liegen.* Dabei handelt es sich um Systeme, die Mitarbeitern ermöglichen, bestimmte mentale Zustände einnehmen zu können und so für jeden Kontext angemessen reagieren zu können.

Klingt etwas abstrakt, ist aber anschaulich: Wenn ein Vertriebsmann vor seinem Kunden das Gefühl bekommt, jetzt am liebsten weglaufen zu wollen, wie es sein Nervensystem ihm bei jeder Gefahrensituation signalisiert, ist das der Situation nicht angemessen. Wenn er statt dessen ein Gefühl der freudigen Erwartung hätte, ist das vielleicht nur bedingt realistisch, gibt ihm aber einen besseren Start.

Bisher werden solche individuellen Ausbildungen mit Rollenspielen und verschiedenen Mentaltechniken wie NLP erreicht. Mit Seminaren wie z.B. „Personal Power" können Teilnehmer lernen, über ihre Begrenzungen hinauszuwachsen und optimale mentale „States" einzunehmen. In Lernsituationen können sie ein Gefühl hervorbringen, das ihrem besten bisher erlebten Lernzustand entspricht. Oder in Verkaufsverhandlungen haben sie die Erinnerung an ihren besten Verkaufabschluss permanent präsent. So sind Menschen nicht länger Sklaven bestimmter biologischer Programme, sondern können eigenverantwortlich bestimmen, in welchem Zustand sie gerne wären.

Die klassischen Trainingsmethoden werden durch die digitalen Medien erheblich erweitert. Schon seit einigen Jahren wird mit Geräten experimentiert, die über physiologische Signale wie Herzschlag und Hautleitwiderstand individuelle Muster einer bestimmten Person erkennen können. Und so kann der Übende über ein visuelles oder akustisches Feedback Zustände wie Entspannung oder freudige Erwartung trainieren.

Diese Messgeräte für physiologische Daten werden jetzt mit multimedialen Darstellungen verbunden, auf die der Übende reagieren, aber auch über seine Physiologie steuern kann. Und so können schon heute Kinder Computerspiele durch „Nachdenken" steuern, ohne auch nur einen Finger zu bewegen.

In den nächsten Jahren sind multimediale Lernanwendungen vorstellbar, die sich optimal auf die individuellen Lern-Wahrnehmungszustände einstellen. Diese können – in Verbindung mit simulierten Situationen – eine völlig neue Lernerfahrung ermöglichen. Ich habe in den letzten Jahren beratend an Projekten teilgenommen, die Lerntools entwickeln, bei denen sich die Darstellung an individuelle mentale Ausprägungen anpasst (z.B. der VRML-Submodalizer). Wir werden in diesem Feld in den nächsten Jahren noch eine Reihe faszinierender Tools an die Hand bekommen!

Aktionen aus Teil 2: E-Engineering der Wissensprozesse

Was sollten Sie im Team überlegen?

- Welche räumlichen und hierarchischen Hemmnisse haben Teams und Communitites of Practice in Ihrem Unternehmen?

- Welche Teams kann man virtualisieren?

- Welche Bereiche der Management-Entwicklung und der betrieblichen Ausbildung kann man komplett auf digitale Medien umstellen?

- Welche digitalen Simulations-Tools könnten Mitarbeitern das Funktionieren des Gesamtunternehmens vermitteln?

Was können Sie direkt tun?

- Zielfindungsworkshop für eine virtuelle Universität veranstalten.

- Teams virtualisieren. Kunden in die Teams einbinden.

- Communities of Practice im Unternehmen identifizieren.

- Virtuelle Communities im Internet aufspüren und Teammitglieder zum Scouting daransetzen.

Teil 3: Das Zerbrechen der Kette

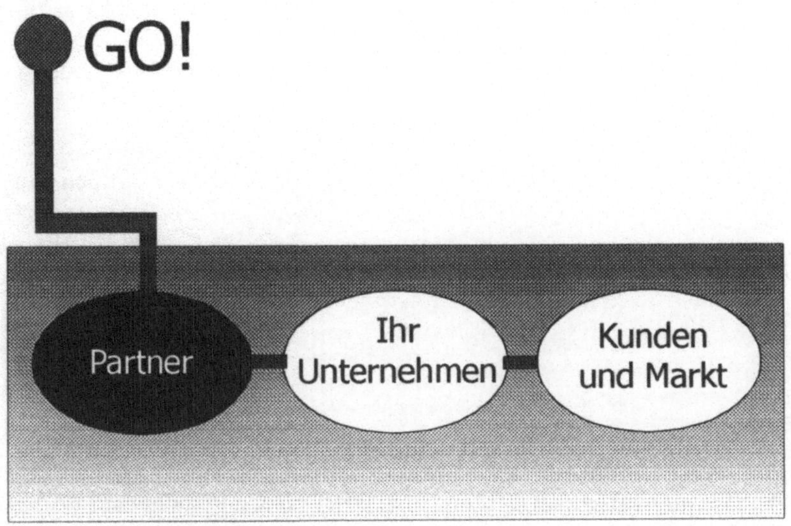

Unternehmensübergreifende Prozesse – Wertschöpfung ist übergreifend

Die Karten werden neu gemischt

Wir sind im dritten Teil des Buches und bei einem Thema, auf das Sie sicherlich schon sehnsüchtig warten: der Frage, wie digitale Medien das Verhältnis zu anderen Unternehmen verändern. Sicherlich haben Sie auch schon eine Menge zu diesem Thema in der Wirtschaftspresse gelesen, enthusiastische Schilderungen, wie das Verhältnis zu Lieferanten auf hocheffiziente Weise durch E-Commerce-Methoden gemanagt werden kann. Sicherlich ist das wichtig, und ich werde auch dazu einiges sagen.

Zuerst aber muss sich jedes Unternehmen klarmachen, dass diese Frage mindestens eine ebenso große Bedrohung wie Verheißung beinhaltet. Was früher geschützte Unternehmen, Clubs von kooperierenden Unternehmen und einigermaßen stabile Branchen waren, wird durch digitale Medien dem freien Spiel der Kräfte ausgesetzt. Ebenso wie die Merger-Welle vor nichts zurückschreckt, werden die Karten auch hier völlig neu gemischt. Keine Wertschöpfungskette, Lieferantenbeziehung, Handels- oder Branchenstruktur, die so bleibt wie sie war.

Um das Phänomen der *neuen Beziehungen zu anderen Unternehmen* griffig beschreiben zu können, will ich die möglichen Entwicklungen für ein Unternehmen in vier drastischen Punkten zusammenfassen. Die folgenden Dinge können Ihnen also in nächster Zeit passieren:

1. Unternehmen verbinden sich enger als jemals zuvor mit Ihren Geschäftspartnern. Dadurch werden sie fast ununterscheidbar und Prozesse müssen über alle beteiligten Unternehmen hinweg gestaltet werden.

2. Eine Stufe/ein Unternehmen in der Wertschöpfungskette einer Branche setzt die anderen unter Druck, wird mächtiger und besetzt einen größeren Teil der Marge.

3. Eine Stufe der Wertschöpfungskette wird überflüssig. Die darin tätigen Unternehmen werden damit ebenfalls überflüssig. Hoffentlich ist es nicht Ihr Unternehmen.

4. Es gibt völlig neue Spieler in einer Branche, die gewaltigen Einfluss auf die Etablierten nehmen können.

Dies sind die vier Möglichkeiten, die ich im Folgenden behandeln will. Sie sehen schon, die digitalen Medien mit ihrer Fähigkeit, jeden global in Echtzeit mit jedem anderen zu verbinden, geben Unternehmen je nach Standpunkt eine höllische oder eine himmlische Aussicht.

Die *höllische* wäre: Sie müssen sich als Unternehmen in enge Beziehungen begeben, die mit hohem Druck einhergehen. Sie werden von den anderen Spielern in der Kette zunehmend an die Wand gedrückt, durch neue Spieler fast ruiniert und laufen Gefahr, Ihre Funktion in der Kette völlig einzubüßen.

Die *himmlische* wäre: Sie verbinden sich nur noch mit Geschäftspartnern, die Ihre Prozesse effektiv ergänzen. Ein hoher Grad an Automatisierung in den Prozessen gibt Ihnen Spielraum. Sie kürzen die Wertschöpfungskette ab, liefern z.B. direkt und machen damit eine ganze Handelsstufe überflüssig. Die freigewordene Marge geht an Sie. Wir wollen uns jede dieser strategischen Optionen betrachten, um Ihnen und Ihrem Unternehmen den Weg in den digitalen Himmel zu ebnen!

Innige Verzahnung

Die erste Verheißung des Electronic Commerce lag – so haben wir in einem früheren Kapitel gesehen – in der engen Verbindung bisher getrennter Unternehmen. Die wesentlichen Vorteile liegen auf der

Hand: Die Übergänge laufen glatter, Doppeleingaben werden vermieden, Lagerhaltung heruntergeschraubt und der administrative Aufwand z.B. für Bestellungen eingeschränkt. Zusammenfassend: Es werden Kosten gespart.

Allerdings kann die Verbindung zwischen Unternehmen erheblich mehr bedeuten, als die immer wieder zitierten Bestell- und Liefervorgänge. Sie können Ihr Partnerunternehmen z.B. in die geschilderten neuen Wissensprozesse eingliedern. Mitarbeiter Ihrer Lieferanten werden an Ihrer Virtual University geschult oder virtuelle Teams werden aus Mitarbeitern mehrerer Unternehmen zusammengesetzt.

Die innige Verzahnung bedeutet natürlich auch, dass man sich auf wenige, aber bewährte Geschäftspartner konzentriert. Man büßt Flexibilität ein, erreicht aber einen hohen Grad an Automatisierung in allen Abläufen.

Das Netzwerk-Unternehmen Cisco wickelt 75 Prozent aller Verkäufe online ab. Über 45 Prozent der Online-Bestellungen gehen automatisch in das Software-System des Unternehmens ein und werden sofort an Produktions-Partnerunternehmen weitergeleitet.

Positive Folge dieser engen Bindung ist es auch, dass sich Unternehmen besser darauf konzentrieren, was sie *wirklich* können. Durch den geringeren Aufwand für das Management der Schnittstellen zwischen Unternehmen sind die Kernkompetenzen des Unternehmens im Vordergrund. Es kostet am Anfang einigen Aufwand, die richtigen Geschäftspartner zu finden und die Übergänge zu standardisieren, aber die Mühe lohnt sich.

Übergreifende Prozesse und Transaktionen

Aber eigentlich bleibt einem ja auch gar nichts anderes übrig. Kunden schauen schließlich nur auf die Wertschöpfung, haben wir im Busi-

ness-Reengineering gelernt. Mit wie vielen Unternehmen das End-
ergebnis erzielt wird, ist dem Kunden im Kern egal.

Da genau kommen wir allerdings an einen entscheidenden Punkt:
Prozessdesign wird oft von Unternehmen als Nabelschau betrieben,
als etwas für das stille Kämmerlein des Managers, in dem er sein
Unternehmen perfekt plant wie eine gut geölte Maschine. Darum
dreht es sich aber gar nicht! Denn *der Wertschöpfungsprozess küm-
mert sich nicht um einzelne Unternehmen.* Er läuft vom ersten An-
fangspunkt der Wertschöpfungskette bis zum Endkunden. Nur wenn
die komplette Kette für den Endkunden eine akzeptable Leistung
erzielt, ist ihr Überleben gesichert.

Es ist zwar vernünftig, dass Unternehmen versuchen, vorrangig Einfluss auf das in ihrem Verantwortungsbereich liegende zu nehmen,
aber *nur wer die gesamte Kette im Auge hat, erkennt das wirkliche
Spiel.* Wer sich nur auf seine eigenen Prozesse konzentriert, ist bald
draußen.

Wertschöpfung ist unternehmensübergreifend!

Also sollten Sie sich zuerst überlegen, welche Gesamtkette in
Zukunft mit Hilfe der digitalen Medien in der globalen Weltwirt-
schaft eine optimale Wertschöpfung erzielt. Und dann sollten Sie Ihre
Geschäftspartner und Prozesse so gestalten, dass Ihr Unternehmen ein
idealer Teil dieser zukünftigen Kette wird. E-Chain-Management
heißt das übrigens in aktuellem Neudeutsch.

Das Gestalten unscharfer Systeme

Wie verbindet man nun Unternehmen flexibel, wenn man die Kette
gestaltet und die Geschäftsprozesse abgestimmt hat? In den letzten
Jahren wurde das in der Regel durch EDI (Electronic-Data-Inter-
change) erreicht. Dies ist ein Standard für den formatierten Daten-
austausch. Das bedeutet, dass EDI den Austausch von Dokumenten
regelt, die immer den gleichen Aufbau haben.

Wenn Sie also einen festen Lieferanten stärker in Ihre eigenen Prozesse einbauen wollen und z.B. den Bestell-, Liefer- und Zahlungsprozess automatisieren wollen, dann gibt es ein EDI-Format für Bestellungen, Lieferscheine usw. Eine bestimmte Stelle in diesem Format bedeutet dann immer den Rechnungsbetrag.

Das Schöne daran ist, dass solche Informationen direkt in ein Computersystem einfließen können. Das System erkennt einen Lieferschein direkt und kann jeden einzelnen Eintrag in diesem Lieferschein sofort interpretieren und weiterverarbeiten. Es ist also nicht mehr wie früher, wo diese Informationen immer wieder abgeschrieben oder abgetippt wurden und so oft fehlerhaft eintrafen. Klingt gut. Wo ist das Problem? Erweiterungsbedürftig ist EDI insbesondere in zwei Punkten:

- Die starre Struktur von EDI bedingt, dass man sich mit wenigen Geschäftspartnern auf Dauer verbindet. Die Formate werden aufeinander abgestimmt und dann gelassen wie sie sind. Wie aber arbeitet man flexibel in Netzwerken, mit wechselnden Partnerunternehmen?

- Bei einem Rechnungsbetrag ist die automatische Weiterverarbeitung leicht vorstellbar. Wie aber sieht es mit Informationen aus, die in ihrer Struktur nicht genau vorhersehbar sind? Wie sähe z.B. ein EDI-Format für Jahresberichte aus?

Gefragt ist also ein flexibleres, unscharfes Schema. Ein System, bei dem Rahmen für Übertragungen zwischen Unternehmen vorgegeben sind, die aber

- für eine Vielzahl von Anwendungen angepasst und

- schnell zwischen wechselnden Unternehmen aufgestellt werden können.

Genau an solchen Schemata wird im Moment weltweit fieberhaft gearbeitet, weil dies einen extremen Aufschwung für die digitale Zusammenarbeit der Unternehmen bedeuten würde. Biztalk® von Microsoft beispielsweise hat sich zum Ziel gesetzt, für eine Vielzahl von Branchen und Anwendungen allgemeine, leicht anzupassende Schemata für digitale Kommunikation zu entwickeln. Biztalk basiert auf XML.

> XML ist grob vereinfacht gesprochen etwas ähnliches wie HTML, nur dass Sie sich eigene Sprachelemente definieren können. Brauchen Sie für Ihre Anwendungen eine bestimmte Formatierung, können Sie diese in XML definieren. Ihre Definitionen können sofort in jedem anderen System verwendet werden, das XML versteht (also z.B. die neueren Internet-Browser).
> Dadurch kann man Inhalt und Formatierung trennen. Sie können z.B. Ihre Kundeninformationen einmal speichern und sie mit verschiedenen XML-Formaten in Sales-Informationen, Bestellformulare oder Jahresberichteinträge verwandeln.

Biztalk verwendet diese Flexibilität von XML, indem es Schemata entwickelt, die es ganzen Branchen ermöglicht, alle relevanten Informationen auszutauschen. Das Interessante – und auf den ersten Blick Paradoxe – an Biztalk ist, dass solche Schemata gleichzeitig einen Standard darstellen (jedes XML-fähige System wie die neueste Browsergeneration kann sie verarbeiten) und flexibel anzupassen sind, weil jedes Unternehmen in XML Sprachelemente anfügen kann. Daher spreche ich von unscharfen Systemen. Sie sind nicht so starr wie EDI und erlauben durch ihre Flexibilität ein Arbeiten in veränderlichen Netzwerken.

> Die Universität in Karlsruhe hat z.B. ein Biztalk-Schema entwickelt, das im Rahmen der Going-Public-Euphorie in Deutschland einige Vorteile verspricht. Mit diesem Schema werden alle Informationen zusammengetragen, die Unternehmen an die Security Exchange Commission der USA übertragen wollen. Dazu gehören Schemata für Jahresberichte, finanzielle Situation oder aktuelle Aktivitäten.

Biztalk ist eine der Initiativen zur Begründung flexibler Austauschformate. Aber abgesehen von technischen Details bleibt für Ihr Unternehmen eine Kernbotschaft:

Nachdem Sie unternehmensübergreifende Prozesse aufgestellt haben, müssen Sie flexible digitale Kommunikationsmöglichkeiten implementieren, um die Geschwindigkeit und Effizienz zu erhöhen.

Jetzt wollen wir einen Blick darauf werfen, wie man sich branchenübergreifende Wertschöpfungsketten erkämpft!

Abkürzungen – die Macht des Stärkeren

Macht in der Kette

Ich habe die erste Möglichkeit der Branchenentwicklung durch digitale Medien beschrieben: die innige Verzahnung mit Geschäftspartnern. Sie ist zwar anstrengend, aber bedeutet für die meisten Unternehmen eher Chancen als Bedrohungen. Jetzt kommen wir zu zwei weiteren Punkten: dem Unter-Druck-Setzen einzelner Stufen in der Kette und im extremeren Fall dem Aus-der-Kette-Hinauswerfen. Es versteht sich von selber, dass dies von einiger Relevanz für Ihr Unternehmen sein dürfte.

Grundsätzlich müssen sich die meisten Manager zuerst einmal an den Gedanken gewöhnen, Machtverhältnisse innerhalb der Wertschöpfungskette zu betrachten oder die Wertschöpfungskette als ein Symbol für über einen gewissen Zeitraum stabile Machtgleichgewichte zu betrachten. Schauen wir uns also einmal eine stark vereinfachte Wertschöpfungskette an und betrachten die Machtverhältnisse, wie sie in verschiedenen Branchen vorliegen. Eine der klassischen Wertschöpfungs-Strukturen sieht wie folgt aus:

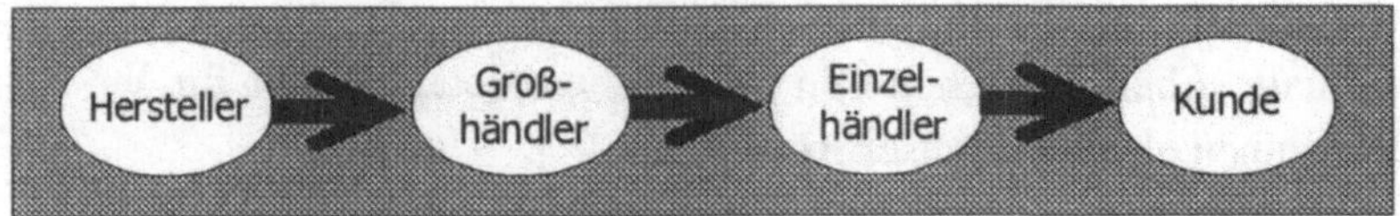

Abb. 35: Klassische Wertschöpfungsstufen

Eine selbsterklärende Struktur. Aber wer hat die *Macht* in dieser Kette? Das kommt darauf an! Ein sehr entscheidender Parameter liegt in der Branche. Dazu zwei Beispiele:

> Wenn Sie sich die Situation bei großen Kaufhauskonzernen anschauen, sehen Sie das Kaufhaus als einen mächtigen Player im Zentrum und viele kleinere Lieferanten, die darum kreisen. Kundenseitig sind ebenfalls viele Kunden mit jeweils geringen Anteilen an den Gesamtverkäufen zu beobachten. Klartext: Die Macht in der Kette liegt beim Kaufhaus (also beim Einzelhandel), jeder Lieferant tut fast alles, um Lieferant zu bleiben.
>
> Als ein IT-Unternehmen also an den Handelsbereich verkaufen wollte, verbündete es sich mit den Kaufhäusern und schickte Tausenden von Lieferanten einen Brief, in dem Sie zum Kauf einer neuen Software aufgefordert wurden. Wer dem nicht nachkam, war nicht länger Lieferant.

Der Handel im Kaufhausbereich ist also ein Beispiel für die Macht des Einzelhandels in der Kette.

Abb. 36: Machtverhältnisse im Kaufhausbereich

Nehmen wir ein anderes Beispiel:

> Im Bereich der elektronischen Bauelemente (z.B. Computerchips) sind es meistens die Hersteller, die an den Hebeln sitzen. Produzenten wie Motorola oder Intel haben ausgesuchte Groß-

186

händler, die völlig abhängig von Ihren Lieferanten sind. Chiphersteller können bestimmen, wie ihre Bauelemente in den Katalogen der Distributoren dargestellt werden oder wie die weltweiten Bestell- und Zahlungsvorgänge abzulaufen haben.

Eine ähnliche Macht in der Kette haben allenfalls Großkunden wie die Automobil- oder Computerindustrie. Sie bestimmen durch die Verwendung der Chips einen großen Teil des Absatzes. Von beiden Seiten geknebelt werden die Distributoren.

Wir sehen also bei weiten Teilen der Halbleiterdistribution die zum vorherigen Beispiel entgegengesetzte Machtstruktur: Die Produzenten beherrschen die Kette.

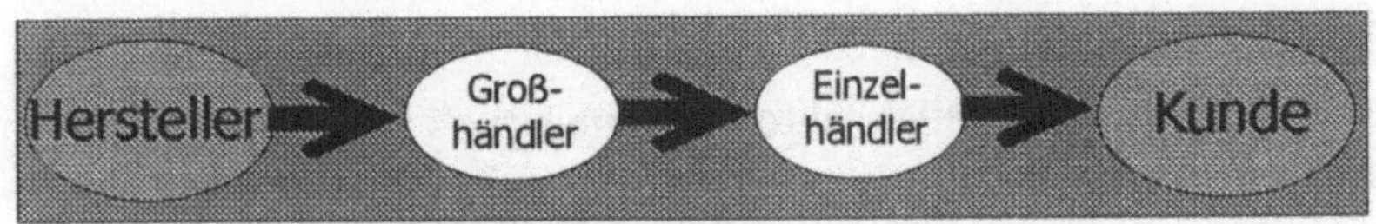

Abb. 37: Machtverhältnisse bei den Electronic Components

In unserem Zusammenhang ist es jetzt wichtig zu wissen, dass diese Machtstrukturen *nicht für die Ewigkeit geschaffen sind*. Gerade durch Innovationen im IT- und Telekommunikationsbereich ist in den letzten Jahrzehnten manche Machtbasis erodiert.

Beispiel: Dynamik im Pharmahandel

Betrachten wir als ein Beispiel für Verschiebungen von Machtverhältnissen durch IT-Innovationen die Entwicklung der amerikanischen Pharmawelt. Im ersten Schritt hatte der Pharmahandel die folgende Struktur:

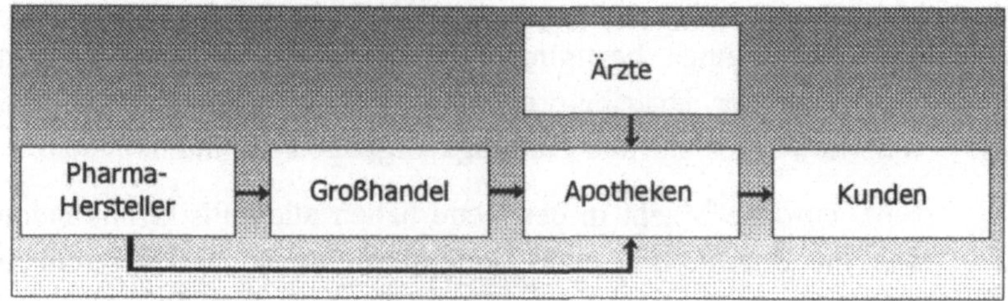

Abb. 38: Klassische Struktur des Pharmahandels

Die Hersteller beliefern die Apotheken, entweder direkt oder über Großhandel, die Ärzte verschreiben die Medikamente und schicken die Kunden zur Apotheke, um danach hoffentlich Dank des Medikaments zu gesunden. Soweit das traditionelle System, bei dem der Großhandel einen Anteil am Handel von etwa 40 Prozent hat.

Wir kommen in die 80er Jahre und damit auch zu großen, verteilten Computersystemen, die es ermöglichen, viele Daten aus verschiedenen Quellen zu konsolidieren. Um die bisherige Machtstruktur zu brechen, wird vom amerikanischen Großhandel ein Computersystem eingeführt (Mckesson). Dieses Computersystem hilft den Apotheken bei der Bestellung und sorgt dort für eine geringere Lagerhaltung.

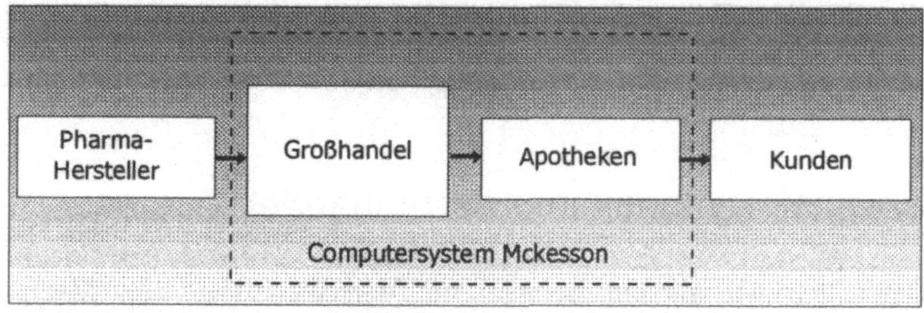

Abb. 39: Machtverhältnisse im US-Pharmasektor der 80er

Der Großhandel steigert seinen Anteil am Handel auf 80 Prozent und bekommt dadurch die Einkaufsmacht, bei den Pharmaherstellern bessere Konditionen zu erzielen. Die Macht in der Kette konzentriert sich in der Mitte.

Wie könnte man diese Machtbasis wieder stören? Indem man sich mit einem neuen Spieler verbündet, am Besten dem, der die Rechnung bezahlt. Dies geschah einige Jahre später, als sich die Medco, ebenfalls ein Handelssystem auf der Basis fortschrittlicher IT-Technik mit den Privaten Krankenversicherern verbündete.

Dort konnte Medco nämlich alles über die Wege der Medikamente erfahren. Die Krankenkassen hatten Interesse daran, weniger für vergleichbare Leistungen zu zahlen. Und so setzten sie gemeinsam ein System auf, mit dem jeder andere Mitspieler in der Kette unter Druck gesetzt wurde.

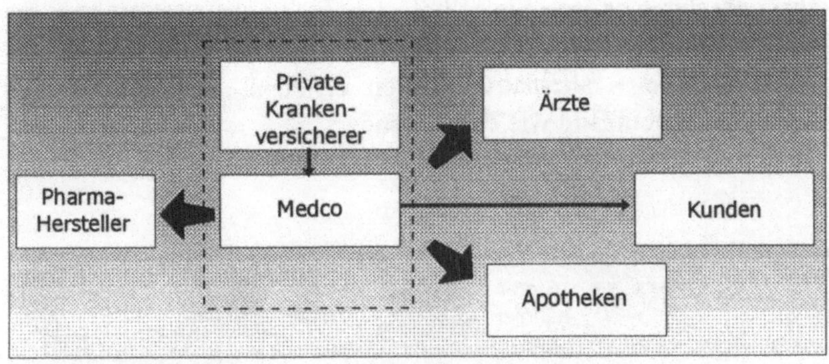

Abb. 40: Veränderte Machtstruktur des US-Pharmamarktes

Die Pharmahersteller konnte man (wie bisher) dadurch unter Druck setzten, dass sie zu guten Konditionen liefern mussten. Die Ärzte konnte man unter Druck setzen, damit Sie billigere Medikamente an Ihre Patienten verschrieben. Und die Apotheken, die im Mckesson-System noch so wichtig waren, versuchte man jetzt weitestgehend auszuschalten, indem man an Großabnehmer (z.B. große Organisationen im Bereich Altenpflege) direkt verkaufte.

Powerplay statt Shop-System

Ich denke, nach diesen Beispielen ist klar, worauf es ankommt: Die Machtverhältnisse in einer unternehmensübergreifenden Wertschöpfungskette sind veränderbar und stellen das wirtschaftliche Überleben einiger Teilnehmer der Kette fundamental in Frage.

Daher sollten Sie sich nicht nur Gedanken über Shopsysteme im E-Commerce machen, wie es die meisten Wirtschafts- und Internetmagazine im Moment propagieren, Sie sollten sich überlegen, wieweit Ihre Position durch digitale Medien veränderbar ist, durch Sie selbst oder durch andere. Sie sollten sich die momentane Struktur der Kette in Ihrer Branche ansehen und – inspiriert durch das Beispiel der Pharmaindustrie – alternative Ketten erfinden. Machen Sie sich Gedanken über ein Bild wie das folgende:

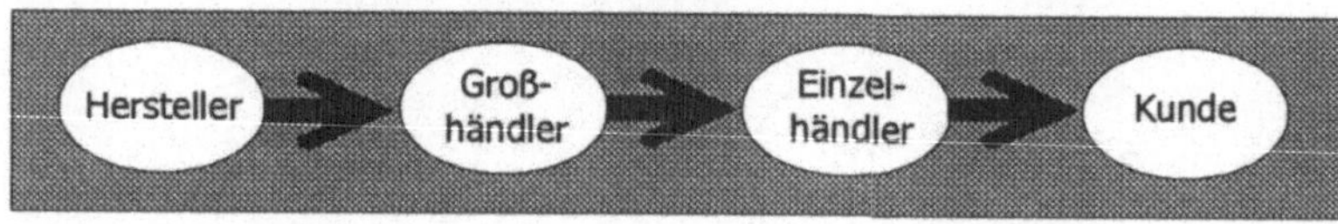

Oder:

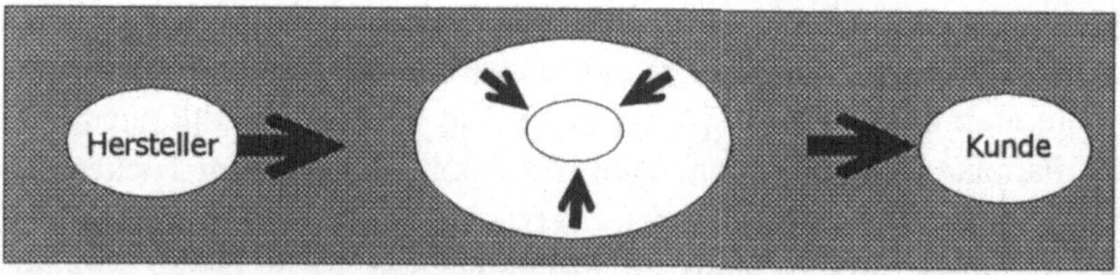

Abb. 41: Schrumpfen der Macht in der Kette

Ziel ist es, die digitale Veränderung in Ihrer Branche so zu nutzen, dass Sie entweder einen der anderen Teilnehmer in der Kette überflüssig machen (oder in seiner Macht stark einschränken) oder Ihren

190

Einfluss stark ausweiten. Oder verhindern, dass jemand anders mit Ihnen das Gleiche tut.

Schließlich passieren einige dieser Dinge schon:

- wenn sich E-Commerce-Shops wie Amazon mit dem Großhandel zusammentun, benötigt man keinen Einzelhandel mehr.

- Wenn Hersteller effektiv direkt über Onlinemedien verkaufen können, benötigen Sie keinen Großhandel mehr.

- Wenn der Handel schnell weltweit bestellen und einkaufen kann, kann er Hersteller ganz erheblich unter Druck setzen.

Sie sollten sich Gedanken machen!

Attacken auf den Handel

Broker-Systeme . . .

Das beliebteste Ziel für Veränderungen der Spielregeln durch digitale Medien ist derzeit der Handel. Dabei liegt die Hauptbedrohung im Etablieren von *Broker-Systemen*. Sehen wir am Beispiel der Automobilindustrie die grundsätzliche Funktion eines Broker-Systems an.

Bisher konnten Automobilhändler mit gewissen Schutzzonen rechnen:

- Die meisten Kunden wussten kaum etwas über Margen und Einkaufspreise der Händler.

- Kunden waren regional eingeschränkt, d.h. die Anzahl an Händlern für bestimmte Automarken war für den potenziellen Käufer begrenzt.

Dadurch hatte jeder Käufer nur einige wenige Händler zur Auswahl und musste sich mit einem geringen Verhandlungsspielraum zufrieden geben. Dieses Informationsdefizit bei den Käufern garantierte den Händlern eine respektable Marge.

Welch Alptraum, als plötzlich in den USA einige Broker-Systeme für Automobilkäufer eingerichtet wurden, von denen Auto-by-Tel und Autoweb.com nur die bekanntesten waren. Ab diesem Zeitpunkt wurden die Händler von zahlreichen Kunden besucht, die nicht nur die exakten Einkaufspreise des Händlers wussten, sondern ebenso die Konditionen aller anderen Händler im Umkreis von 100 Kilometern. Sie waren damit in einer erschreckend starken Verhandlungsposition und brachten die Automobilhändler dazu, innerhalb eines Jahres zwei Drittel ihrer Marge einzubüssen. Seitdem geht die Marge der Händler zunehmend in Richtung der Voraussage für ideale Gleichgewichtsmärkte: In Richtung Null.

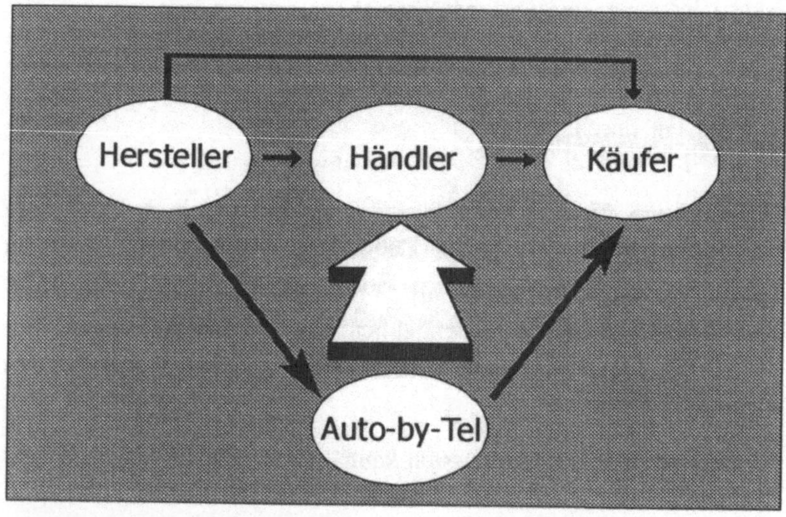

Abb.42: Druck auf Automobilhändler durch Broker-Systeme

Broker-Systeme sind also in unserem Zusammenhang Internetunternehmen, die online über alle Händler hinweg für potenzielle Käufer Preis- und Service-Konditionen verbreiten.

Im Vokabularium der Machtverschiebung in Ketten, kann man Broker-Systeme als einen neuen Mitspieler in der Wertschöpfungskette bezeichnen, der anderen Spielern in der Kette dabei hilft, die verschiedenen Handels-Stufen unter Druck zu setzen.

Solche Broker-Systeme können sich über verschiedene Quellen finanzieren:

- Sie können eine Verkaufprovision beim Verkäufer (also dem Händler) einbehalten.

- Sie können eine Abonnementgebühr für die Nutzung des Service von potenziellen Käufern verlangen.

- Sie können sich durch Werbung auf ihren Seiten finanzieren.

- Sie können selbst Händler werden.

Broker-Systeme sind für fast jede Form von Handel denkbar und teilweise zumindest in den USA schon etabliert. Daher stellen sich für Ihr Unternehmen zwei Kernfragen:

1. Bin ich durch existierende oder mögliche Broker-Systeme bedroht? Kann ich diese Bedrohung abwenden oder nutzen?

2. Kann ich durch Aufsetzen eines eigenen Broker-Systems Handelsstufen in meiner Branche unter Druck setzen?

Gerade die zweite Frage ist auch für unser Beispiel aus der Automobilbranche interessant: Schließlich war es den Automobil-Herstellern gar nicht so Unrecht, dass die Händler unter Druck gerieten!

. . . und vertikale Portale

Die Idee der Broker-Systeme entwickelt sich im Internet gerade zu den *vertikalen Portalen* weiter und Unternehmen wie HP entwickeln unter dem Label E-Service Software und Services dafür. Ein Portal kennen Sie schon: Das ist einfach eine Internet-Seite mit extrem vielen Zugriffen, eine Art selbsternannte Haupt-Einflugschneise ins Internet.

Ein vertikales Portal ist nun ein Portal, das eine ganze Branche als Broker vertritt. Suchen Sie als Kunde etwas, gehen Sie in das vertikale Portal und geben Ihre Anforderungen ein. Wollen Sie z.B. ein bestimmtes Auto kaufen, geben Sie Ihre Wünsche ein und lassen das „Vortal" für sich arbeiten. Es checkt alle Händler und macht Ihnen Vorschläge. Sie bekommen, was Sie wollen und dies sogar zum niedrigstmöglichen Preis.

Solche vertikalen Portale funktionieren weltweit, was in manchen Bereichen eine deutliche Chance für Billiglohnländer mit sich bringt. Gerade wenn sie mit einem Qualitäts-Check versehen sind, der Erfahrungen des Brokers und anderer Käufer verarbeitet, machen Vortals das Angebotsfeld extrem transparent.

Zusätzlich lässt sich der Brokergedanke durch kombinierte Services aufwerten. So können Sie in ein vertikales Portal für Autoverkauf gleich einen internationalen Broker für Automobilversicherungen integrieren. Oder eine Übersicht, in welchem Land Sie Ihr Auto am billigsten anmelden können. Vortals sind so ideale Gründungspunkte für Communitites und Kommunikationsplattformen.

Brokersysteme und vertikale Portale sind in einer stark vernetzten Welt ein mächtiges Käufer-Tool und ein Ansporn für Unternehmen, in einer global transparenten Welt wettbewerbsfähig zu bleiben. Wenn Sie den Kopf in den Sand stecken, werden andere Ihren Job erledigen.

> Die Geschwindigkeit bei Vortals ist noch steigerbar: Das Unternehmen Bizbots in San Francisco automatisiert die Suche nach dem maßgeschneiderten Angebot. Intelligente Roboter – Bots – suchen auf den Vortals dieser Welt nach den günstigsten Deals und schließen das Geschäft auch gleich ab.

Das Ende der Festpreise

Die Auktion ist eröffnet

Kaum eine Anwendung hatte im E-Commerce-Umfeld bisher so durchschlagenden Erfolg wie Auktionssysteme. Auf *eBay* handeln z.B. Tausende von Bietern und Interessenten Produkte von Stoffpuppen bis zu Baumaschinen. Für unser Thema ist nicht so sehr der Erfolg von eBay als Unternehmen von besonderem Interesse. Solche Erfolgsstories lassen sich nicht beliebig oft wiederholen und wer eine solche Idee zuerst realisiert, hat eben einen beachtlichen Vorsprung.

Viel interessanter ist es, dass Auktionssysteme durch die Hintertür eine völlig flexible, internationale Preisstruktur einführen. Bisher wickeln Unternehmen ihren Verkauf z.B. über Händlernetze zu einigermaßen stabilen Preisen ab. Der Second-Hand-Markt spielt keine Rolle.

In einem Auktionssystem spielt die Trennung zwischen Privatmann und Händler (wieder einmal) kaum eine Rolle, ebensowenig die Unterscheidung zwischen neu und gebraucht. Alles ist verhandelbar. Es kann sein, dass ein Händler brandneu bei ihm angelieferte Ware in einem solchen Auktionssystem direkt zur Versteigerung freigibt, direkt neben einem Aussteiger, der seinen Hausstand zu verkaufen hat. Es zählt nicht mehr, wer man ist, sondern, was man zu verkaufen hat und zu welchem Preis. Solche Systeme demontieren einige Jahre in die Zukunft gedacht problemlos Händlernetze, Preisbindung und lokale Märkte. Sind Sie darauf vorbereitet? Gerade deutsche Verhältnisse mit Preisbindungen, Ladenschlusszeiten und Zünfte-Systemen wie im Handwerk sind in einem solchen Kontext der Steinzeit bedenklich nahe.

Kapital aus dem Auktionsprinzip will z.B. das US-Unternehmen NexTag schlagen. Im Gegensatz zu Auktionssystemen wie eBay, in denen sich die potenziellen Käufer um ein Produkt streiten und damit die Preise in die Höhe treiben, liegt die Kontrolle bei NexTag beim Käufer. Er gibt an, welchen Preis er gewillt ist für ein Produkt zu zahlen, und alle potentiellen Lieferanten streiten sich um den Auftrag!

Auf diese Weise werden Computer, Consumer-Electronics und vieles mehr gehandelt. NexTag verdient an der Provision, die durch den Verkäufer gezahlt wird. Allerdings lässt NexTag auch die Händler nicht ganz im Regen stehen und bietet ihnen Systeme, mit denen sie berechnen können, ob sich der spezielle Deal für sie in diesem Augenblick gerade lohnt. Dabei werden Lagerhaltung und Beschaffungspreise mit berücksichtigt.

Falls Sie übrigens noch denken, der Markt der Online-Auktionen wäre eine Randerscheinung: Der Wert der über Online-Auktionssysteme im Jahre 1999 gehandelten Waren belief sich weltweit auf rund drei Milliarden Dollar! Bis zum Jahre 2001 rechnet man mit einer Verdreifachung der jährlichen Umsätze.

Nenn mir Deinen Preis!

Dies sind mächtige erste Schritte zu einer absoluten Flexibilisierung und einem Zerbrechen nicht nur der Preisbindung, sondern überhaupt des *Festpreis-Prinzips*. Schauen wir uns noch einmal an, was unser altehrwürdiges Festpreis-Prinzip im Kern bedeutete. Unsere bisherige Preisstruktur am Markt kommt aufgrund des im Diagramms gezeigten Zusammenhangs zustande (Abb. 43).

Die *Angebotskurve* ist steigend, weil sich dahinter die Kostenkurve des Produzenten/Anbieters verbirgt. Je mehr er produziert, desto höher sind seine Gesamtkosten. Die *Nachfragekurve* ist abfallend, weil Käufer natürlich gewillt sind, eine größere Menge zu erwerben, wenn der Preis niedriger ist. So zu sehen beim Sommerschlussverkauf! Kaum sind die Preise bis zur Untergrenze reduziert, werden Artikel in enormen Stückzahlen abgenommen.

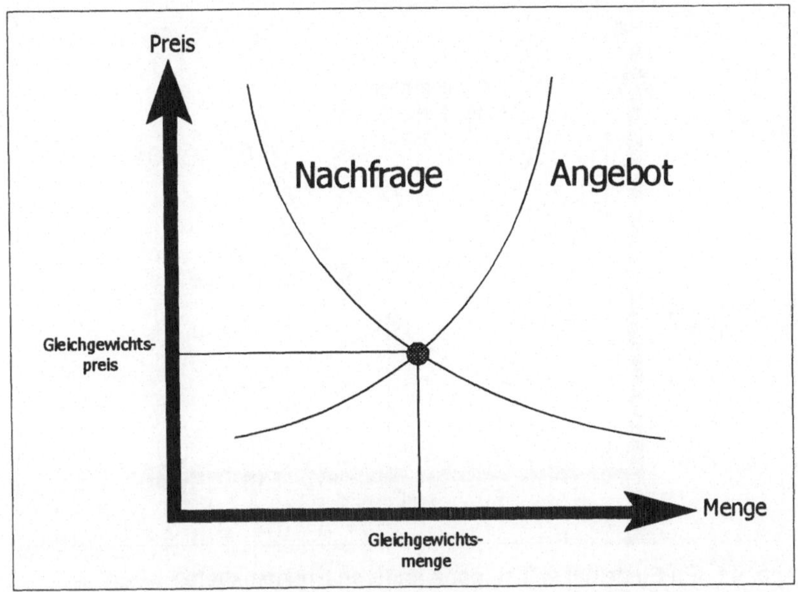

Abb. 43: Klassische Preisbildung

Wo beide Kurven sich treffen, sind beide zufrieden und daher wird dort der Preis festgesetzt. Auf der Basis dieses simplen Diagramms funktioniert bisher der größte Teil unserer Produktion und des Handels. Es wird in großen Mengen produziert und an eine extrem große Zahl von Käufern verkauft, zu einem *Festpreis* am Markt, der durch den Schnittpunkt der beiden Kurven bestimmt ist.

Aber dieser Schnittpunkt ist blanke, über alle Kunden gemittelte Statistik. Es ist die Nachfragekurve von *vielen* Kunden, die dort zusammengefasst wird. Da Konzerne mit vielen austauschbaren Kunden rechnen, bilden sie den Gleichgewichtspreis aufgrund einer *zusammengefassten* Nachfragekurve. Aber vielleicht ist dies eine Preisstruktur, die zu einem individuellen Kunden gar nicht passt! Seine Nachfragekurve sieht vielleicht ganz anders aus und er würde lieber andere Preis/Mengen-Relationen einkaufen.

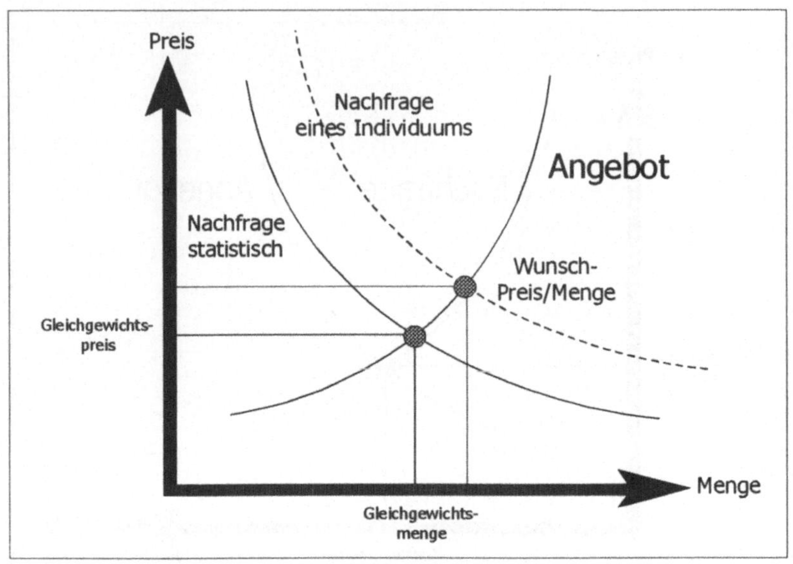

Abb. 44: Ein Einzelner will zu ganz anderen Preisen kaufen

Eine Betrachtung mit statistischen Gleichgewichtspreisen ist in der Zeit der Auktionssysteme extrem gefährdet. Schließlich kennen wir das schon von arabischen Ländern, wo der Preis jedes Mal individuell ausgehandelt wird. Also werfen wir einen zweiten Blick auf die Charts. Interessant sind dabei besonders die Punkte bei Mengen unterhalb der Gleichgewichtsmenge, gezeigt in Abb. 45.

Stellen Sie sich vor, die Gleichgewichtsmenge läge bei 1000 Stück. Also werden 1000 Stück zum festen Gleichgewichtspreis auf dem Markt angeboten. Was ist aber mit den Kunden, die bei den ersten 500 Stück zugreifen? Auf dem Chart sehen wir, dass der Käufer an dieser Stelle eigentlich gerne bereit wäre, einen viel höheren Preis zu zahlen. Der Kunde kauft aber zum Gleichgewichtspreis, der viel niedriger liegt. Dieser Preisunterschied ist also ein „Geschenk" an den Kunden, deshalb tauft man diesen Zusammenhang *Konsumentenrente*. Aber auch der Produzent/Verkäufer geht natürlich nicht leer aus.

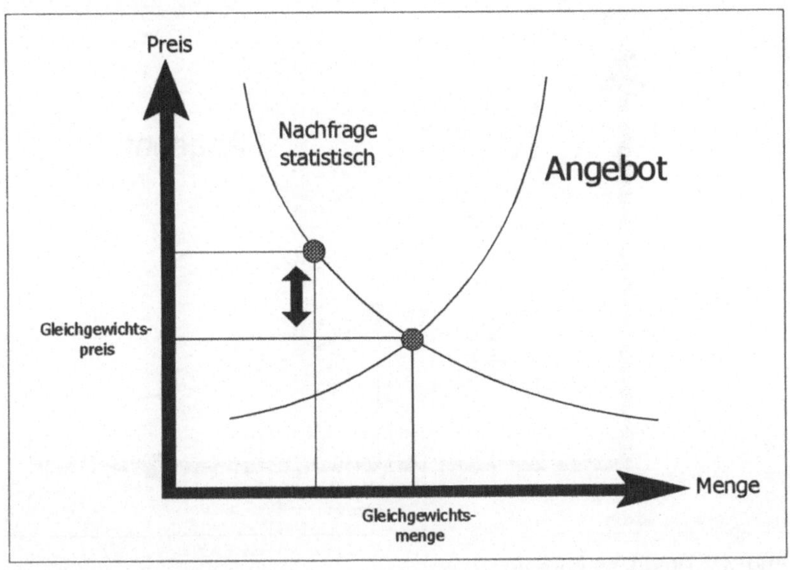

Abb. 45: Konsumentenrente

Wir sehen, dass bei der niedrigeren Menge der Produzent einen viel höheren Preis erzielt, als es seine Kosten (Angebotskurve) eigentlich erfordern. Die Differenz ist die Produzentenrente.

Wie ist der Zusammenhang zu den Auktionssystemen? Durch Auktionssysteme wie NexTag verliert die Statistik – also der gemittelte Gleichgewichtspreis – völlig an Sinn, da jeder einzelne Verkauf im Prinzip aushandelbar ist. Die nachfragenden Käufer werden immer versuchen, die Produzentenrente aus dem Verkäufer herauszupressen, also auf den Preis zu kommen, den sie selber bei jeder gegebenen Menge zu zahlen gewillt sind. Da *jeder* das tun wird, bedeutet dies das Ende der Festpreise und das Ende vieler Produzentenrenten.

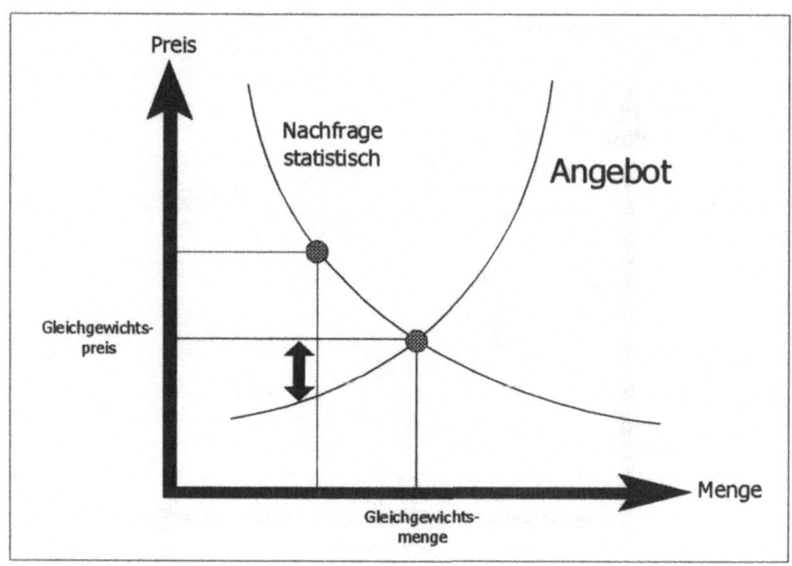

Abb. 46: Produzentenrente

Was bedeutet das Ende der Festpreise für Sie? Nun, die verlässliche Planung auf der Basis festgelegter Absatzpreise gehört der Vergangenheit an. Unternehmen, die beim Auktionsspiel mitspielen, bekommen neue Kunden und werden gezwungenermaßen hochflexibel. Sie müssen sich weltweit der potenziellen Konkurrenz gewachsen fühlen und von jedem lernen, der in einigen Bereichen besser ist als Sie.

Denn überlegen Sie: Der Käufer kennt Ihre Situation in Zukunft sehr genau. Er wird Sie nicht bewusst ruinieren, aber er wird den Preis zahlen, der bei seinen Bedürfnissen am Markt erzielbar ist. Und diesen Preis können Sie nur halten, wenn Sie so gut sind wie jeder Konkurrent *weltweit*.

Wie bereiten Sie sich auf die Schlacht vor?

Ich gebe zu, dass ich Sie in den letzten Kapiteln einer Menge potenzieller Bedrohungen ausgesetzt habe. Eigentlich wollte ich Sie damit nur motivieren, sich kreative Dinge einfallen zu lassen und die digitale Gunst der Stunde zu nutzen. Jetzt noch einige Ansätze, wie Sie beginnen können. Zuerst müssen Sie die für Sie gültige Szenerie analysieren. Dazu verwenden Sie am Besten das Tool der unternehmens-übergreifenden Wertschöpfungskette. Analysieren Sie die derzeitigen Machtverhältnisse. Dann stellen Sie Fragen:

- Wie kann die Kundenwertschöpfung durch Veränderung der Wertschöpfungskette erhöht werden?

- An welchen Stellen kann es zu Machtverschiebungen in der Kette kommen? Auf welche Weise? Können Sie diese Machtverschiebungen zu Ihren Gunsten initiieren?

- Können Sie ein Brokersystem für die Gesamtbranche einführen? Gibt es Zusatzdienste, die als Ergänzung zu einem vertikalen Portal führen könnten?

- Können Sie die Vernetzung der Unternehmen in Ihrer Branche durch unscharfe Systeme erhöhen?

Haben Sie die Szenerie analysiert und die wesentlichen Chancen und Bedrohungen erkannt, müssen Sie „nur noch" Ihr Unternehmen in ein ideal für dieses zukünftige Umfeld gerüstetes umwandeln. Es muss

- auf eine zukünftige unternehmensübergreifende Wertschöpfungskette angepasst sein,

- Einfluss auf die wesentlichen Broker-Systeme besitzen oder selber welche aufstellen,

- mit flexiblen Preisen global jonglieren können,

- weltweit wettbewerbsfähig sein.

Selbst wenn Sie organisatorische Folgen dieser Anforderungen geklärt, beschlossen oder vielleicht sogar schon umgesetzt haben, werden Sie feststellen, dass der wesentliche Treiber oder Hemmschuh Ihrer Entwicklung im digitalen Umfeld die *Kultur* Ihres Unternehmens sein wird. Es reicht bei weitem nicht aus, die Tools und Fähigkeiten zu besitzen. Wenn Ihr Unternehmen eine jahrzehntelange Kultur besitzt, die den Verhaltensweisen der digitalen Welt diametral gegenübersteht, bleiben die gewünschten Ergebnisse unerreichbar.

Sie werden sich Fragen stellen wie:

- Welche Kultur gehört dazu?

- Wie erzeugt man diese Kultur?

- Wie steuert man den Change hin zu einer digitalen Kultur?

und benötigen damit eher einen Change-Manager als einen Netzwerk-Berater.

Typische motivierende Schlagworte eines Unternehmens mit klassischer Kultur auf dem Weg in eine Kultur für die digitale Zukunft können meiner Erfahrung nach sein:

- Vernetzung statt Abschottung!

- Flexibler Service statt starres Angebot!

Beide Schlachtrufe verkörpern eine Menge der in diesem Buch entwickelten Aussagen zum digitalen Umfeld. Und viele der in Teil 1 und 2 geschilderten Maßnahmen zum E-Engineering Ihrer internen und externen Handlungsweisen sind auch Schritte zur Kultur eines digitalen Unternehmens.

Virtuelle Unternehmen

Jetzt wollen wir es zum Schluss noch etwas auf die Spitze treiben! Kunden konstruieren ihre eigenen Produkte mit. Wie wäre es damit, dass sie gleich das ganze Unternehmen auf Wunsch konstruieren? Unternehmen on Demand sozusagen? Schließlich ist das die logische Folge des Netzwerk-Gedankens: Enge vernetzte Unternehmensverbünde mit unscharfer, flexibler Zusammenarbeit, Brokersysteme die Transparenz schaffen und vertikale Portale, die immer neue Pakete schnüren. Warum nicht das Unternehmen immer wieder neu kombinieren?

Bei modernen Unternehmensstrukturen wird schon heute von „flexibler Spezialisierung" gesprochen. Dies ist eine Struktur aus einem lockeren Verbund von jeweils hochspezialisierten Unternehmen, mit passenden Kernkompetenzen. Jedes einzelne Unternehmen spezialisiert sich auf einen bestimmten Abschnitt der Wertschöpfungskette, die Gesamtgruppe bleibt in Bezug auf den Markt extrem flexibel, da sie die einzelnen Teilunternehmen in ständigen Neukombinationen verwendet.

Solche Unternehmen verhalten sich sehr zielorientiert in einem ständig fluktuierenden Umfeld, obwohl sie keine organisatorische Leitung oder irgendeine Form von zentraler Steuerung aufweisen. Was die Gruppe steuert, ist der Markt. Flexible Allianzstrukturen werden auch als Alternative zum Merger erwogen, der neben höherer Inflexibilität durch die Größe auch erhebliche Integrationsprobleme mit sich bringt. Also verbindet man sich besser in einem lockeren Unternehmensnetzwerk, das durch Flexibilität größere Marktbereiche für jeden abdeckt.

Um in einem Unternehmensnetzwerk flexibel arbeiten zu können, müssen Sie selbst als Unternehmen erst mal intern flexibel auf Kundenanforderungen reagieren können. Die erste Stufe zur eigenen Flexibilität ist es, im Unternehmen „Teilgeister" einzuführen. Die starre Wertschöpfungskette wird aufgebrochen und bestimmte Fähigkeiten und Ressourcen in einem Netzwerk zur Verfügung gestellt. Dann beginnen Sie, Kundenprojekte zu realisieren, indem Sie im Unternehmen diese „Teilgeister buchen". Nur für ein Projekt wohlgemerkt. Die organisatorische Seite dieser Arbeit erledigen Workflow-Systeme schon heute. Das Tool dazu heißt Intranet.

Dann ordert der Markt direkt: Eine Kundenanfrage wird direkt in eine Kombination von möglichen Ressourcen des Unternehmens umgebaut und über das Internet eine Kalkulation zur Verfügung gestellt. Jeder Kunde bekommt also vom Unternehmen ein anderes Produkt- oder Dienstleistungsangebot zu sehen, da die Ressourcen ständig neu kombiniert werden.

Haben Sie intern im Unternehmen dieses flexible Arbeiten im Netzwerk zum Grundpfeiler Ihrer Kultur gemacht, ist es nur noch ein kleiner Schritt zu einer Integration in ein Unternehmensnetzwerk aus Allianzen. Werden Externe in Ihr Netzwerk eingebunden, entspricht es schon der normalen Vorgehensweise des Unternehmens.

Marketingpapst Philip Kotler schildert in *Bank Marketing* eine Abrufstruktur bei einem Dienstleistungsunternehmen wie einer Bank: Anstatt die Bank als Fließband-Bereitsteller von standardisierten Dienstleistungen zu sehen, kann man sie auch als Betrieb mit Kundenauftragsfertigung und flexiblen Produktionsmöglichkeiten betrachten.

Im Zentrum der Bank stünden eine umfassende Kunden- und eine Ertragsdatenbank. Die Bank wäre in der Lage, alle von einem beliebigen Kunden in Anspruch genommenen Dienstleistungen, den Gewinn (oder Verlust) bei diesen Dienstleistungen sowie jene potenziell profitablen Dienstleistungen zu bestimmen, die diesen Kunden angeboten werden können.

Das ist ein schöner erster Schritt zu einem vollflexibilisierten Unternehmen, obwohl die Bank bei diesem Ansatz noch zuviel arbeiten muss. Aber Sie können als Bank diese Datenbank mit einer Kommunikationsplattform kombinieren, auf der Kunden untereinander über bestehende Dienstleistungen diskutieren oder neue konstruieren. Die Nutzer der Kommunikationsplattform verwenden dabei (bei Wahrung der Privatsphäre) die zentrale Datenbank und tätigen online Abschlüsse, die genau auf sie zugeschnitten sind. Die Mitarbeiter der Bank müssen weniger arbeiten, sind kundenorientierter und das Unternehmen verdient mehr Geld!

Schnell werden Sie feststellen, dass diese Vernetzung nicht auf Ihr Unternehmen beschränkt bleibt. Ebenso wie der Kunde ja immer ein anderes Portfolio Ihres Unternehmen sieht, wenn er eine Anfrage tätigt, werden auch die Kombinationen verschiedener Unternehmen immer flexibler.

Genauso wie in der flexiblen Spezialisierung, entstehen durch andere Abfragen vom Markt andere Unternehmenskombinationen, die für dieses Projekt kombiniert werden. Eine Unternehmensstruktur auf Abruf. Da es unendliche Kombinationsmöglichkeiten der Ressourcen des Netzwerkes gibt, sind zahllose wahrhaft virtuelle Unternehmen vom Markt abfragbar: Das Unternehmen wird maßgeschneidert massengefertigt!

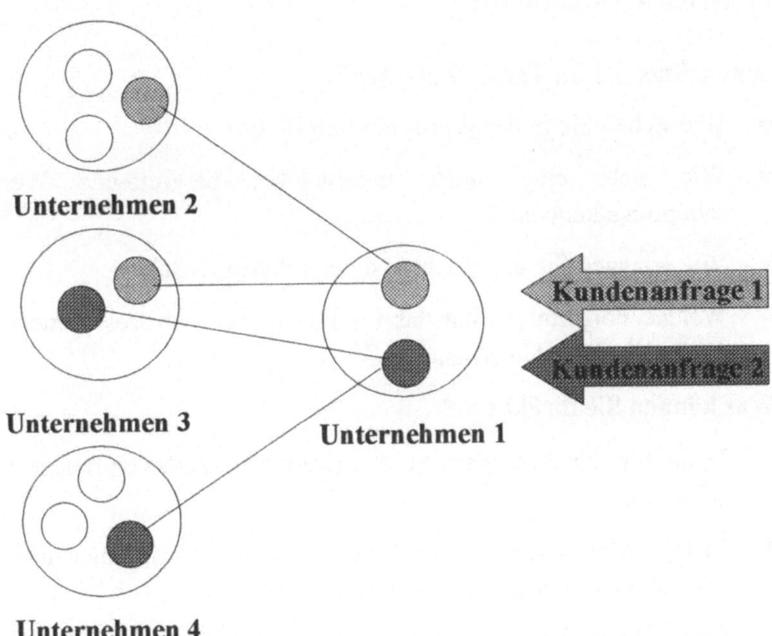

Abb. 47: Unterschiedliche Kombinationen – je nach Kundenanfrage

Erste praktische Realisierungen einer solchen Struktur liegen zum Beispiel beim FAN vor, dem Factory America Net, ein typischerweise nationales Netzwerk in den USA. Mittels einer umfangreichen Datenbank über Unternehmen und ihre speziellen Fähigkeiten und des Einsatzes von Standardmodellen zu Unternehmenszusammenschlüssen können blitzartig virtuelle Organisationen über viele Unternehmen weg gebildet werden, nur mit dem Ziel, ein bestimmtes Projekt zu realisieren.

Next Stop: Worldwide Workflow!

Aktionen aus Teil 3: E-Engineering der Branchenstruktur

Was sollten Sie im Team überlegen?

- Wie stehen Sie in der Wertschöpfungskette?

- Wie sieht eine ideale unternehmensübergreifende Wertschöpfungskette aus?

- Wie erlangen Sie die Macht in einer solchen Kette?

- Welche Folgerungen hat das für Ihre internen Prozesse und für die Kultur Ihres Unternehmens?

Was können Sie direkt tun?

- Team für das Management der Branchen-Wertschöpfungskette aufsetzen.

- Change-Management-Maßnahmen zur Entwicklung einer digitalen Unternehmenskultur einleiten.

- Einsatzmöglichkeit für unscharfe Systeme im Unternehmen prüfen.

- Abhängigkeit von Preisstrukturen prüfen.

Wo fängt man an?

Wir hatten zu Beginn des Buches bestimmte Kriterien an ein E-Engineering gestellt, wenn dieses dem Unternehmen in der digitalen Welt des 21. Jahrhundert einen klaren Wettbewerbsvorteil verschaffen soll. Die Verbindung dieser Kriterien mit in diesem Buch vorgestellten Verfahrensweisen sollte neben den Aktionsfragen der Buchteile einen guten Einstieg für die Frage sein, mit was Sie das E-Engineering beginnen. Sie finden eine Übersicht auf der folgenden Seite. Jetzt wünsche ich Ihnen viel Glück bei Ihrer Reise ins digitale Eldorado!

Kontaktaufnahme

Für Fragen oder Anregungen können Sie mich auf digitalem Wege erreichen:

http://www.VReedom.com/

sm@VReedom.com

Kriterium	Ansatzpunkte
Die Spielregeln und Enabler der digitalen Welt kennen und für das Unternehmen nutzbar machen.	• Historische Analyse der Produktions- und Marketinggrundlagen des Unternehmens • Wertschöpfungskette
Das komplette Umfeld des Unternehmens in die Veränderung mit einbeziehen.	• Schritte zur Marktintegration • Optimale, unternehmensübergreifende Wertschöpfungskette
Das Unternehmen perfekt mit Kunden und Partnerunternehmen verbinden.	• Kommunikationsplattform • Unscharfe Systeme
Das Unternehmen schneller mit Informationen versorgen und sie nutzen.	• Marktintegration/ Kommunikationsplattform • Virtuelle Universität • Communities of Practice
Die Reaktionsgeschwindigkeit erhöhen.	• Kommunikationsplattform • Flexible/Modulare Produkte und Dienstleistungen
Mit implizitem und vorläufigem Wissen arbeiten, das teilweise nur in einzelnen Köpfen, Teams oder Communities steckt.	• Virtuelle Teams • Virtual Corporate University • Communities of Practice

Literatur

ARMSTRONG, ARTHUR und HAGEL, JOHN: net gain, expanding markets through virtual communities, Harvard Business School Press, Boston, 1997.

ARMSTRONG, ARTHUR und HAGEL, JOHN: The Real Value of Online Communities, in Harvard Business Review, May-June 1996.

BENEDIKT, MICHAEL: Cyberspace: First Steps, MIT Press, Cambridge, 1991.

CAMPBELL, IAN: The Intranet: Slashing the Cost of Business, Studie International Data Corporation, 1996.

CHAMBERS, JOHN: „Ich war ja selber skeptisch" (Interview), Spiegel 10/1999.

FLUSSER, VILÉM: Ins Universum der technischen Bilder, European Photography, Göttingen, 1996.

HOF, ROBERT D. et alt.: Internet Communitites, Special Report in Business Week, May 5, 1997.

INDEN, THOMAS: Alles Event?! - Erfolg durch Erlebnismarketing, Verlag Moderne Industrie, Landsberg/Lech, 1993.

KELLY, KEVIN: Out of control, The New Biology of Machines, Social systems and the Economic World, Addison-Wesley, Reading, 1994.

KELLY, SEAN: Data Warehousing, The route to mass customization, John Wiley & Sons Ltd., Baffins Lane, Chichester, 1994.

KEMPKEN, THORSTEN und MAGNUS, STEPHAN: Vom Electronic Commerce zum Intracommerce: Konstruktionsprinzipien der Unternehmenskommunikation im Zeitalter des Internet, Vortragsvorlage zur Systems'96.

KOULOPOULOS, THOMAS M.: Corporate instinct: heute spüren, was morgen ankommt, Hanser Verlag, Münschen, Wien, 1998.

LAPPIN, TODD: Déjà Vu All Over Again, WIRED, Mai 1995.

MAGNUS, STEPHAN: Der kreative Imperativ, Spielregeln zum Erfinden der Zukunft, Verlag Managementwissen Zukunft, Remseck, 1997.

MAGNUS, STEPHAN: Intracommerce, Das digitale Marktprinzip, Verlag Managementwissen Zukunft, Remseck, 1997.

MAGNUS, STEPHAN: Online-Marketing-Systeme, Möglichkeiten des Marketing in 3D-Welten, Vortragsvorlage BVB-Arbeitskreis Marketing-Kommunikation, 1997.

MCKENNAE, REGIS: Real Time, Preparing for the Age of the never satisfied Customer, Harvard Business School Press, Boston, 1997.

MCKENNAE, REGIS: Real-Time Marketing, in Harvard Business Review, July-August 1995.

MORRIS, KATHLEEN: Wiring the Ivory Tower, Business Week, August 9, 1999.

MORTON, MICHAEL S. SCOTT und THUROW, LESTER C.: The Corporation of the 1990s: Information Technology and Organizational Transformation, Oxford University Press, New York, 1991.

NONAKA, IKUJIRO und TAKEUCHI, HIROTAKA: The Knowledge-Creating Company, Oxford University Press, New York, 1995.

PEPPERS, DON und ROGERS, MARTHA: Enterprise One to One, Tools for Competing in the Interactive Age, Doubleday, New York, 1997.

PESCE, MARK: VRML, Browsing & Building Cyberspace, New Riders, Indianapolis, 1995.

PINE, B. JOSEPH II: Maßgeschneiderte Massenfertigung, Neue Dimensionen im Wettbewerb, Wirtschaftsverlag Ueberreuter, Wien, 1994.

RAE-DUPREE, JANET: Let the buyer be in control, Business Week, November 8, 1999.

REBELLO, KATHY et.alt.: What every CEO should know about Electronic Business, Special Report Business Week e.biz, March 22, 1999.

RUZAS, STEFAN: Jobtasche aus dem Internet, Werben & Verkaufen 45/96.

SCHRAGE, MICHAEL: No more teams! Mastering the dynamics of creative collaboration, Currency Doubleday, New York, 1995.

SNOWDEN, DAVE et alt.: Knowledge Management, A real business guide, IBM und Caspian Publishing, Milbank, 1997.

SMULYAN, SUSAN: Selling Radio: The Commercialization of American Broadcasting 1920-1934, Smithsonian Institution Press, 1994.

Stichworte

Der Autor

Stephan Magnus, Jahrgang 1963, Dipl.-Kfm., ist als Unternehmensberater tätig. Spezialgebiet: Change mit digitalen Medien. Er hat Online-Universitäten für Konzerne aufgebaut, weltweite digitale Korrespondentennetze von Zeitungen ebenso betreut wie Beschaffungssysteme für Elektronikunternehmen. Sein derzeitiges Hauptinteresse gilt dem Lernen in der Virtualität.

Vor seiner Beratertätigkeit war er für die Deutsche Bank, den amerikanischen General Electric-Konzern und Thyssen tätig.

Er hat Bücher über kreative Regionen und Individuen sowie über den durch das Internet ausgelösten Wandel publiziert.

Gigabytes
für Ihren Erfolg

Chancen im Electronic Shopping

Die Zukunft des Handels wird „online" sein.
Erfolgreiches Electronic Shopping verlangt
mehr als nur die Abbildung eines Kataloges
im Netz als neuen Vertriebskanal, nämlich
neue Marketing-Instrumente und -Metho-
den sowie das Schritt halten mit den neuesten Entwicklungen. Dieses Buch ist die
richtige Navigationshilfe.

Dirk Schneider, Philipp Gerbert
E-Shopping
Erfolgsstrategien
im E-Commerce:
Marken schaffen – Shops
gestalten – Kunden binden
1999. 285 S. Geb.
DM 78,00
ISBN 3-409-11521-8

Der neue Hagel-Bestseller

Die beiden Net Gain-Erfolgsautoren entwerfen in ihrem US-Bestseller ein fesselndes
Szenario, in dem die Gewinnung von Kundeninformationen im Internet zunehmend
von den Kunden selbst gesteuert und kontrolliert wird. Sie zeigen, welche Chancen
sich Unternehmen bieten, die als Informa-
tionen-Händler agieren und dazu beitragen,
für Kunden den Wert der eigenen Informationen zu maximieren.

John Hagel III., Marc Singer
Net Value
Der Wert des digitalen Kunden
2000. 283 S. Geb.
DM 78,00
ISBN 3-409-11539-0

Ideen zu Geld machen

*„Eine ausgezeichnete und hautnahe Dar-
stellung dieses einzigartigen Innovations-
Zentrums. Gleichzeitig ein hervorragender
Leitfaden für potenzielle Hightech-Unter-
nehmer, die eine Wagnisfinanzierung in
Erwägung ziehen. Dieses Know-how kann
deutschen Existenzgründern wie auch Venture Capitalists entscheidend beim schnellen Erfolg mit Startups helfen."*
Eckhard Pfeiffer, Vorsitzender des
Aufsichtsrats, Intershop und Ricardo

Wolf K. Müller-Scholz
Inside Silicon Valley
Ideen zu Geld machen
2000. 248 S. Geb.
DM 58,00
ISBN 3-409-11543-9

Gabler Verlag · Abraham-Lincoln-Str. 46 · 65189 Wiesbaden · www.gabler.de **GABLER**